El cielo
Preguntas y respuestas

Libros de la serie
"Preguntas y respuestas"

El cielo
Jesús
Profecía

El cielo
Preguntas y respuestas

Billy Graham

EDITORIAL
PORTAVOZ

La misión de *Editorial Portavoz* consiste en proporcionar productos de calidad —con integridad y excelencia—, desde una perspectiva bíblica y confiable, que animen a las personas a conocer y servir a Jesucristo.

Título del original: *The Heaven Answer Book* © 2012 por William F. Graham, Jr., y publicado por Thomas Nelson®, Nashville, Tennessee.

Traducción: José Luis Martínez

Las cursivas en el texto bíblico son énfasis del autor.

EDITORIAL PORTAVOZ
2450 Oak Industrial Drive NE
Grand Rapids, MI 49505 USA

Visítenos en: www.portavoz.com

ISBN 978-0-8254-5668-3 (rústica)
ISBN 978-0-8254-6502-4 (Kindle)
ISBN 978-0-8254-8650-0 (epub)

1 2 3 4 5 edición / año 25 24 23 22 21 20 19 18 17 16

Impreso en los Estados Unidos de América
Printed in the United States of America

Contenido

¿Cómo será el cielo?

¿Qué sucede cuando morimos?

¿Qué haremos en el cielo?

¿Podemos estar seguros de que iremos al cielo?

¿Qué diferencia hace el cielo?

Prólogo

Una de las grandes verdades de la Biblia es que no fuimos creados solo para este mundo. Estábamos destinados para el cielo, y ese es nuestro hogar definitivo.

Sin embargo, ¿qué es exactamente el cielo? ¿A qué se parece, y qué vamos a hacer allí, si es que hacemos algo? ¿El cielo solo afecta nuestro futuro, o debería hacer una diferencia en cómo vivimos aquí y ahora? Lo más importante, ¿cómo podemos saber que iremos allí cuando muramos?

Estas son preguntas que toda persona reflexiva se plantea, y Dios nos ha dado a conocer las respuestas en su Palabra, la Biblia. Mi propósito en este pequeño libro es explorar esas respuestas, a fin de que podamos tener esperanza para el futuro y sentido para nuestra vida en este momento.

Para alcanzar esta meta, Thomas Nelson, mi casa editora desde hace mucho tiempo, ha reunido material sobre este tema sacándolo de los libros que he escrito a lo largo de los años, y estoy muy agradecido por su compilación y edición. Además, también quiero expresar mi agradecimiento a Donna Lee Toney, quien compiló y adaptó para este proyecto otros materiales de mis escritos. Quiera Dios utilizarlo para animarte a mirar más allá de las cargas y los problemas de este mundo presente, y para que te regocijes en la esperanza que tenemos del cielo mediante la muerte y resurrección de Cristo por nosotros.

Billy Graham

¿Existe de verdad el cielo?

Bendito el Dios y Padre de nuestro
Señor Jesucristo, que según su grande
misericordia nos hizo renacer para una
esperanza viva, por la resurrección de
Jesucristo de los muertos, para una herencia
incorruptible, incontaminada e inmarcesible,
reservada en los cielos para vosotros.

1 Pedro 1:3-4

¿Dice mucho la Biblia sobre el cielo?

Solo en el Evangelio de Mateo, Jesucristo menciona el cielo unas setenta veces. Lo encontramos desde el primer versículo de Génesis: "En el principio creó Dios los cielos y la tierra", hasta su última referencia al final de Apocalipsis: "[Él] me mostró la gran ciudad… que descendía del cielo, de Dios" (Ap. 21:10). De hecho, cincuenta y cuatro de los sesenta y seis libros de la Biblia mencionan el cielo. Recuerda: la Biblia es nuestra única fuente autorizada de información sobre el cielo.

Poco antes de que Jesús fuera arrestado y crucificado en la cruz, Él dijo a sus discípulos que después de su muerte no debían desalentarse, porque Él iba a resucitar. A continuación, les aseguró que regresaría a su Padre en el cielo para preparar un hogar eterno para todos los que iban a creer. Él dijo: "En la casa de mi Padre muchas moradas hay; si así no fuera, yo os lo hubiera dicho". Luego Él les dio esta promesa: "Voy, pues, [al cielo] a preparar lugar para vosotros... para que donde yo estoy, vosotros también estéis" (Jn. 14:2-3).

Los profetas del Antiguo Testamento escribieron acerca del cielo; Salmos lo menciona más que cualquier otro libro en el Antiguo Testamento; los apóstoles hablaron del cielo con la inspiración divina del Espíritu Santo. La Biblia no nos dice todo lo que *nos gustaría* saber sobre el cielo, pero sí nos dice todo lo que *necesitamos* saber sobre él mientras estamos aquí en la tierra. Debemos creer lo que la Biblia dice del cielo y consolarnos con su promesa de que podemos pasar la eternidad con Jesucristo en sus moradas celestiales.

Si alguien te pregunta acerca del cielo, puedes decir con seguridad: "sabemos que si nuestra morada [cuerpo] terrestre, este tabernáculo, se deshiciere, tenemos de Dios un edificio, una casa no hecha de manos, eterna, en los cielos" (2 Co. 5:1). ¡Qué gran promesa! ¡Qué gran destino!

¿Qué es el cielo?

El cielo es el lugar donde Dios habita, es la santa morada de Dios. Él lo creó, Él vive allí, y un día, allí vivirán todos los creyentes.

Moisés oró a Dios: "Mira desde tu morada santa, desde el cielo" (Dt. 26:15). Salomón, el rey más sabio de los que han vivido, oró: "oh Jehová Dios mío… tú lo oirás en el lugar de tu morada, en los cielos" (1 R. 8:28, 30). Abram dijo: "Jehová Dios Altísimo, creador de los cielos" (Gn. 14:22). Nehemías oró al "Dios de los cielos" (Neh. 2:4); el rey Nabucodonosor alabó el Rey de los cielos (Dn. 4:37); y Jesús abrió nuestro corazón a la realidad del cielo cuando elevó los ojos y oró: "Padre nuestro que estás en los cielos" (Mt. 6:9). El cielo está ocupado por la presencia de Dios Todopoderoso. Esto hace que sea el destino supremo para aquellos que anhelan adorarlo como su Creador, Dios, Señor, Rey, Padre y Salvador.

Ciertamente, para nosotros es difícil comprender esto; después de todo, la Biblia nos dice que Dios es espíritu e infinito. Por lo tanto, ¿cómo vamos a poder limitarlo a un solo lugar? A pesar de ese misterio, la Biblia nos asegura que su presencia llena todo el cielo, y allí nosotros estaremos siempre a salvo bajo su cuidado.

El apóstol Pablo escribió: "Ahora vemos por espejo, oscuramente; mas entonces veremos cara a cara. Ahora conozco en parte; pero entonces conoceré como soy conocido" (1 Co. 13:12).

El cielo *es* la casa del Padre (Jn. 14:2). El cielo *es* la morada de Jesucristo su Hijo (1 P. 3:21-22). El cielo *es* la ciudad del Dios vivo y de los redimidos (He. 12:22-23). Si esto no llena tu corazón con esperanza y con el deseo por aquel mejor país, te insto a examinar dónde estás en relación con Dios, y a que te conviertas de la duda a la fe. Si amas a Jesucristo, vas a querer seguirlo todo el camino hasta ese lugar llamado cielo. "Porque por ahí andan muchos… que son enemigos de la cruz de Cristo; el fin de los cuales será perdición… que sólo piensan en lo terrenal. Mas nuestra ciudadanía está en los cielos, de donde también esperamos al Salvador, al Señor Jesucristo" (Fil. 3:18-20). Pablo exhorta a otros a seguir a Cristo.

Escucha con tus oídos la voz de Dios (Ec. 5:1). *Responde* al llamado que Cristo hace en la puerta de tu corazón (Ap. 3:20). *Entra* en comunión con el Señor Jesucristo (1 Co. 1:9).

Eso es el cielo.

¿Qué le dices a alguien que no cree en el cielo?

Háblale acerca de Jesucristo y de la esperanza que tenemos debido a su muerte en la cruz por nuestros pecados. Dios envió a su Hijo para darlo todo —su sangre, su último aliento y su promesa eterna— con el fin de comprar las almas de los hombres, las mujeres y los niños para el reino de los cielos. Luego, Jesús se levantó de entre los muertos por el poder de Dios para confirmar la realidad del cielo. Creer en Cristo resuelve la cuestión sobre el cielo.

Recientemente, un joven me escribió: “En lo que a mí respecta, una vez que has muerto, ya no hay nada más. La única vida que experimentamos es la que estamos viviendo ahora. La vida después de la muerte es solo un mito”.

Le respondí que su carta me había entristecido mucho, porque eso significaba que estaba viviendo sin esperanza: “¿Te das cuenta de que tu vida está vacía y no tiene sentido? —le escribí—. Puede que en este momento eso no te moleste, porque eres joven y estás sano y lleno de energía. Pero, ¿qué si algo sale mal? ¿Qué pasa si tienes un accidente grave o pierdes tu salud, o alguien a quien amas te abandona? ¿O qué sucederá una vez que la vejez te invada con todos sus problemas y limitaciones? Te enfrentarás a un futuro sin esperanza. ¡Qué terrible pensamiento!". Luego le insté a mirar a Jesucristo tal como Él aparece en las páginas del Nuevo Testamento y a entregarle su vida.

El descubrimiento más grande que podemos hacer es conocer el amor de Dios, que fue plenamente demostrado mediante el sacrificio de su Hijo en la cruz por nosotros. Ese es el poder que transforma el mito del hombre, en la verdad de Cristo. El Señor Jesús no murió en la cruz por los pecados de la gente para que pudiéramos creer en el cielo, sino para que *creamos* en Él. El cielo no salva almas... sino que las alberga.

Jesús dijo una vez esta parábola: "El reino de los cielos es semejante a un mercader que busca buenas perlas, que habiendo hallado una perla preciosa, fue y vendió todo lo que tenía, y la compró" (Mt. 13:45-46). El Mercader de los cielos ha salido en busca de almas que lo amen y le den la adoración, la gloria y el honor que le corresponde. Jesús dijo: "El que me ama, mi palabra guardará; y mi Padre le amará, y vendremos a él, y haremos morada con él" (Jn. 14:23).

Si tu esperanza y fe no están en Cristo, te invito a que pienses ahora mismo en lo que Él hizo por ti, por medio de su muerte y resurrección, y deposites tu fe en Él.

¿Por qué la mayoría de la gente cree en alguna forma de vida después de la muerte, incluso si no son particularmente religiosos o no piensan mucho en ello?

Dios ha puesto en cada uno de nosotros un sentido interno de que la vida en la tierra no es todo lo que hay. La Biblia responde a esto con claridad: "[Dios] ha puesto eternidad en el corazón de ellos [de los hombres]" (Ec. 3:11).

La gente puede intentar suprimir esta verdad o negarla, pero nuestra conciencia todavía nos habla. El "silbo apacible y delicado" de Dios nos dice —en lo profundo— que eso es todavía verdad (1 R. 19:12, NVI). Nunca debemos ignorar esa voz interior, sino más bien comprobar lo que creemos con lo que dicen las Escrituras, que es donde Dios revela estas verdades.

El apóstol Pablo escribió sobre el peligro de negar la verdad de Dios: "Porque lo que de Dios se conoce les es manifiesto, pues Dios se lo manifestó. Porque las cosas invisibles de él, su eterno poder y deidad, se hacen claramente visibles desde la creación del mundo, siendo entendidas por medio de las cosas hechas, de modo que no tienen excusa" (Ro. 1:19-20).

La razón por la que tenemos esta convicción interna de que la muerte no es el final —y que el cielo existe— es porque hemos sido creados a imagen de Dios. No somos seres simplemente físicos; también tenemos un alma (o espíritu) y llevamos dentro de nosotros la semejanza con nuestro Creador. Esa semejanza se ha visto afectada y distorsionada por el pecado, pero está todavía allí. Y así como Dios es eterno, nosotros sentimos en nuestro corazón que también debemos serlo. La Biblia dice que Dios vive para siempre (Isaías 57:15). Así como Él vive para siempre, nosotros, que estamos hechos a su semejanza, también viviremos para siempre.

"Todo tiene su tiempo... debajo el cielo... tiempo de buscar, y tiempo de perder" (Ec. 3:1, 6). Mi oración es que ejerzas tu derecho dado por Dios para escudriñar las Escrituras y busques a Aquel que murió por ti. No renuncies a Dios. Deja de alejarte. Él no ha renunciado a ti.

¿Cómo sabemos que hay vida después de la muerte?

Sabemos que hay vida después de la muerte porque Dios lo prometió, nuestras almas son testigos de ello, y sobre todo, Jesucristo lo confirmó por medio de su vida, muerte y resurrección. Así que nos basta con mirar a Jesús. Mediante su resurrección, la Biblia dice que Él "quitó la muerte y sacó a luz la vida y la inmortalidad por el evangelio" (2 Ti 1:10).

Cada fase de la vida de Jesús fue milagrosa. Dejó a un lado su deidad, bajó a la tierra y se puso el manto del sufrimiento humano. Sanó a los enfermos, resucitó a los muertos, alimentó a los hambrientos, sació a los sedientos y consoló al desanimado con esperanza para el mañana. En su compasión por nosotros, Él dio su vida para salvar las almas errantes de un mundo confuso y moribundo. Luego se levantó de nuevo y se gozó en caminar entre nosotros como el Salvador resucitado, garantizando vida eterna a todos los que creen en Él y lo siguen.

Mira a Jesús. Él vivió en el cielo y en la tierra. Él murió en la tierra y *volvió* a la vida, lo cual fue presenciado por más de quinientas personas (1 Co. 15:3-8) antes de regresar al cielo. Él vive en los corazones de aquellos que confían en Él. Nuestra confianza en la vida después de la muerte viene de estas mismas verdades.

Alguien que visitaba la Biblioteca Billy Graham se dio cuenta de todas las cruces que había allí y dijo a su anfitrión: "¿Dónde está Jesús? ¿Por qué no está Él en la cruz?". Su anfitrión sonrió y dijo: "Nosotros no adoramos un crucifijo. Jesús murió en la cruz, pero no se quedó en la cruz... ¡Él vive!".

La vida no termina con la tumba, porque la eternidad está por delante de nosotros. El Hijo de Dios ha vencido la muerte y vive para ofrecer una nueva vida a todos los que invocan su nombre (Ro. 10:9). ¡Esa es la esperanza de todos los tiempos!

Escucha las palabras de la máxima autoridad: "Yo Jesús he enviado mi ángel para daros testimonio... Ven. Y el que tiene sed, venga; y el que quiera, tome del agua de la vida gratuitamente" (Ap. 22:16-17). Contempla la cruz vacía y verás la vida victoriosa de Jesucristo sobre la muerte, porque en Él "la muerte ha sido devorada por la victoria" (1 Co. 15:54, NVI). Si no lo conoces, ¿vas a invocar su nombre hoy?

¿Qué tiene que ver la resurrección de Jesucristo con el cielo?

Creer en el cielo no tiene ningún valor si no creemos en la resurrección de Aquel que creó el cielo y abrió sus puertas a todos los que quieran entrar. Parece que a muchos les es fácil creer en el cielo porque oyeron hablar de alguien que alegó haber tenido una visión. Sin embargo, dudan de que Jesucristo haya resucitado y viva en el cielo hoy. La Palabra de Dios es nuestra guía verdadera, porque solo ella nos habla de la resurrección de Cristo. Jesús dijo a Nicodemo: "Si os he dicho cosas terrenales, y no creéis; ¿cómo creeréis si os dijere las celestiales? Nadie subió al cielo, sino el que descendió del cielo; el Hijo del Hombre" (Jn. 3:12-13).

¿Por qué es tan importante la resurrección de Jesús? No solo demuestra que era el Hijo de Dios y que hay vida después de la muerte, sino que nos asegura que la muerte —nuestro último enemigo— ha sido derrotado. La Biblia resume esta gran verdad en estas palabras: "Porque la paga del pecado es muerte, mas la dádiva de Dios es vida eterna en Cristo Jesús Señor nuestro" (Ro. 6:23).

Un ejemplo notable en las Escrituras es la resurrección de Lázaro, el amigo de Jesús, que tuvo lugar en Betania, donde también fue ungido Jesús antes de su muerte. El Señor prueba su poder sobre la tumba de otros, y la suya también. Después que Lázaro había estado en la tumba cuatro días, Jesús demostró su poder de resurrección al levantarlo de entre los muertos. Cuando llegó a la tumba, llamó a gran voz: "¡Lázaro, ven fuera!". Y Lázaro salió y se puso delante de la multitud (Jn. 11:43). Esto demostró el poder de Jesús sobre la muerte y también la verdad de su promesa a nosotros: "Yo soy la resurrección y la vida; el que cree en mí, aunque esté muerto, vivirá. Y todo aquel que vive y cree en mí, no morirá eternamente. ¿Crees esto?" (vv. 25-26).

El cielo se hace una realidad viva para nosotros por el poder de la resurrección de Jesucristo. Si tú lo buscas sinceramente, vas a encontrar la nueva vida en Cristo. La resurrección es el cumplimiento de la Palabra de Dios, y ese hecho autentica cielo.

¿Permite Dios que algunas personas tengan una visión del cielo justo antes de morir, o incluso antes? ¿Le sucedió eso a alguien en la Biblia?

Si bien las Escrituras no nos prometen que aquí podremos dar un vistazo al cielo, sí nos hablan de la experiencia de Esteban, el primer creyente en ser martirizado por su fe en Cristo, quien declaró mientras era apedreado: "Veo los cielos abiertos, y al Hijo del Hombre que está a la diestra de Dios" (Hch. 7:56).

Algunos afirman que murieron, fueron al cielo y volvieron para contar lo que vieron y experimentaron. Otros hablan de haber visitado el cielo. Pero el cielo no es un oasis de descanso o un lugar para visitar, es una morada permanente. Las afirmaciones sobre relatos de testigos oculares del cielo a menudo dicen poco acerca de Jesucristo, y eso debe llevarnos a tratarlas con sumo cuidado. Nuestra esperanza debe basarse solo en Cristo y en las promesas que Dios nos ha dado en su Palabra.

La muerte es el destino universal de todo ser humano. Es el fin de la vida en la tierra, y el comienzo de la vida eterna en el cielo con Dios o del tormento eterno en ese lugar aparte de Dios, el infierno. He hablado con médicos y enfermeras que sostuvieron las manos de los moribundos, y dicen que hay a menudo tanta diferencia entre la muerte de un cristiano y un no cristiano como la que hay entre el cielo y el infierno. Vislumbrar el cielo sería una gran visión para los que están seguros de que ese es su destino; pero para aquellos en cuyos corazones nunca se ha enraizado la eternidad, el cielo es difícil de alcanzar.

Es importante responder a Cristo mientras todavía estamos vivos. ¿Has respondido a su llamado? La invitación de Jesús es para ti: "Venid a mí todos los que estáis trabajados y cargados, y yo os haré descansar" (Mt. 11:28).

¿Es el cielo un lugar literal, o simplemente es un estado de ánimo o una especie de sueño?

El cielo es un lugar literal. No es un mundo imaginado o una tierra de fantasía donde habitar.

Dios creó el cielo con su amplia variedad de características auténticas (Gn. 2:1). Jesús no ascendió a un mundo de ensueño elevado después de su resurrección, sino que volvió a sentarse a la diestra de Dios (Mr. 16:19). Abraham no se aferró a la promesa de vivir en un estado de la mente; esperaba con interés "la ciudad que tiene fundamentos, cuyo arquitecto y constructor es Dios" (He. 11:10). Los héroes de la fe del Antiguo Testamento anhelaban una ciudad literal "mejor, esto es, celestial… porque [Dios] les ha preparado una ciudad" (v. 16). Jesús dijo a sus discípulos: "Y sabéis a dónde voy, y sabéis el camino" (Jn. 14:4). Ese lugar es el cielo, y Cristo nuestro Salvador está ahora allí, preparándolo para nuestra llegada.

Tener confianza en que el cielo es un lugar literal es importante, pero más aún es que sepamos cómo llegar allí. El único GPS que le puede dar la dirección sin error es el Plan de Salvación del Evangelio. Jesús dijo: "Yo soy el camino, y la verdad, y la vida; nadie viene al Padre, sino por mí" (Jn. 14:6).

Por naturaleza, las personas nos inclinamos hacia el hogar. Mucho mejor que cualquier sueño que puedas imaginar es la transformación sobrenatural que se llevará a cabo para todos los hijos de Dios en su hogar celestial. Espero que tú estés allí.

¿Dónde está el cielo? ¿Es ahí fuera, en el espacio, en alguna parte?

La Biblia nos dice que Dios puso el firmamento en medio de las aguas, para separar las aguas de las aguas, y llamó al firmamento "cielo" (Gn. 1:6-8, NVI). El *firmamento* es una palabra que nosotros no estamos acostumbrados a oír; viene de una palabra hebrea que significa "firme" o "fijo". La Biblia define claramente el cielo como un lugar creado. Dios dijo: "Mi mano fundó también la tierra, y mi mano derecha midió los cielos" (Is. 48:13; 1 Co. 2:9).

Si bien el cielo capta nuestra imaginación, es más importante que sea el Dios del cielo quien capte nuestras almas; porque Dios es mayor que el cielo. La Biblia dice: "los cielos... no te pueden contener" (1 R. 8:27), pero Él puede contener toda su creación en sus manos. Él midió las aguas con el hueco de su mano, delimitando los cielos, juntó el polvo de la tierra en una cesta y pesó en balanza los montes (Is. 40:12).

La Biblia dice: "Cosas que ojo no vio, ni oído oyó, ni han subido en corazón de hombre, son las que Dios ha preparado para los que le aman" (1 Co. 2:9).

Que el cielo esté más allá del alcance de los satélites y telescopios del hombre no significa que está más allá del alcance de nuestros corazones. La Biblia dice: "Él es [Cristo] la imagen del Dios invisible... Porque en él fueron creadas todas las cosas, las que hay en los cielos y también en la tierra, visibles e invisibles... todo fue creado por medio de él y para él" (Col. 1:15-16). El cielo es donde el Señor está, y Cristo es el Señor de los cielos y de la tierra. Él puede gobernar desde el cielo y también vivir dentro de nuestros corazones.

¿Será la tierra algún día una extensión del cielo?

Sí, la Biblia nos dice que Dios traerá el cielo a la tierra donde Él vivirá en medio de su pueblo al final de esta era presente.

En ese día, lo viejo será destruido, se creará una nueva tierra, y tendremos verdaderamente el cielo en la tierra. El apóstol Pedro escribió: "Pero nosotros esperamos, según sus promesas, cielos nuevos y tierra nueva, en los cuales mora la justicia" (2 P. 3:13).

El primer libro del Antiguo Testamento nos dice que, cuando Dios creó el mundo, Él habló, y el cielo, la tierra y los mares fueron creados (Gn. 1:6-9). En el último libro del Nuevo Testamento, Cristo le dice a Juan que escriba su revelación del futuro. "Vi un cielo nuevo y una tierra nueva; porque el primer cielo y la primera tierra pasaron, y el mar ya no existía más. Y yo Juan vi la santa ciudad… descender del cielo, de Dios… Y oí una gran voz del cielo que decía: He aquí el tabernáculo de Dios con los hombres, y él morará con ellos… Y el que estaba sentado en el trono dijo: He aquí, yo hago nuevas todas las cosas" (Ap. 21:1-3, 5).

La tierra no puede prometer nada eterno. El valor de la tierra caerá cuando el cielo descienda con la gloria de Dios. Algún día la tierra tal como la conocemos se acabará, pero la Palabra de Dios nunca pasará, y por eso podemos decir con seguridad que la tierra no tiene poder sobre nosotros. Los santos del Antiguo Testamento se declararon extranjeros y advenedizos en la tierra, y nosotros también debemos mantenernos desligados de las cosas de este mundo, porque no van a durar. Cuando el cielo descienda, las cosas terrenales desaparecerán, y la bondad de Dios reinará.

¿Cómo será el cielo?

Y oí una gran voz del cielo que decía: He aquí el tabernáculo de Dios con los hombres, y él morará con ellos; y ellos serán su pueblo, y Dios mismo estará con ellos como su Dios. Enjugará Dios toda lágrima de los ojos de ellos; y ya no habrá muerte, ni habrá más llanto, ni clamor, ni dolor; porque las primeras cosas pasaron.

APOCALIPSIS 21:3-4

¿Cuál es la principal diferencia entre la tierra y el cielo?

La principal diferencia entre la tierra y el cielo es que este mundo está corrompido por el pecado, pero el cielo no. El pecado del hombre impregna la tierra, y la gloria de Dios perfecciona el cielo.

Dios, la gloria del cielo, creó la tierra y se la dio a la raza humana para cuidarla y disfrutarla. Sin embargo, en vez de obedecer las instrucciones de Dios acerca de las cosas de la tierra, Adán y Eva decidieron escuchar a Satanás y hacer lo único que Dios les había prohibido hacer. Su desobediencia —su rebelión contra Dios— maldijo la tierra y los separó de la comunión con Él. "por la desobediencia de un hombre los muchos fueron constituidos pecadores" (Ro. 5:19). Como resultado, la enfermedad del pecado se ha transmitido a cada generación. La Biblia dice: "Y miró Dios la tierra, y he aquí que estaba corrompida; porque toda carne había corrompido su camino sobre la tierra" (Gn. 6:12). "La tierra yace profanada, pisoteada por sus habitantes... Por eso una maldición consume a la tierra, y los culpables son sus habitantes" (Is. 24:5-6, NVI).

La tierra gime porque ha sido dañada por el pecado; como una enfermedad paralizante, este distorsiona y destruye todo lo que toca. El pecado corrompe y divide, pero el cielo declara la gloria del Señor (Sal. 19:1). El cielo es el trono de Dios (Is. 66:1), y porque Él es absolutamente santo y sin pecado, no puede tolerar el pecado o verlo, sin traer juicio. La Biblia dice de Dios: "Muy limpio eres de ojos para ver el mal; ni puedes ver el agravio" (Hab. 1:13).

Pero su amor es tan poderoso y grande que Él preparó un camino para que la maldición del pecado fuera quitada; es decir, la culpa que tiñe nuestros corazones y corrompe nuestro mundo. Dios crucificó el pecado en la cruz mediante la sangre de Cristo, que nos redimió de la pena del pecado. Él murió en nuestro lugar, cargando sobre sí el juicio que merecíamos, para presentarnos sin mancha a su Padre en el cielo. Jesucristo es el Salvador del mundo, porque Él es el único que puede unir la brecha *entre* el cielo y la tierra. La Biblia dice: "por la obediencia de uno, los muchos serán constituidos justos" (Ro. 5:19).

Es difícil para nosotros admitirlo, pero somos pecadores por nacimiento, pecadores por elección y pecadores por la práctica. La buena noticia es que Dios ha preparado un camino para que seamos salvos por su gracia (Ef. 2:8-9), y este es su don glorioso para las personas en un mundo caído. La diferencia entre el cielo y la tierra es que Jesucristo dejó la gloria del cielo y vino a esta tierra infestada de pecado, por una razón: para hacer que sea posible nuestra salvación eterna. Y eso hace que todo sea diferente para Dios en el cielo y para nosotros en la tierra.

¿Qué veremos cuando llleguemos al cielo?

Veremos muchos sitios gloriosos en el cielo, pero lo más maravilloso de todo será ver al Salvador del mundo y su gloria. "Tus ojos verán al Rey en su hermosura; verán la tierra que está lejos" (Is. 33:17).

Jesucristo nos dio una idea de esto cuando retiró la cortina del cielo y le dijo al apóstol Juan que escribiera lo que veía: "Y miré, y vi que en medio del trono... estaba en pie un Cordero... Y a todo lo creado... oí decir: Al que está sentado en el trono, y al Cordero, sea la alabanza, la honra, la gloria y el poder por los siglos de los siglos" (Ap. 5:6, 13).

Es parte de nuestra naturaleza humana querer satisfacer nuestra imaginación sobre el cielo, pero Dios tiene sus razones para darnos solo una muestra de su morada eterna. El lenguaje humano se queda corto para describir tanta majestad. La magnificencia de las posesiones de la tierra se oscurecerá a la luz del sol del cielo. Juan solo pudo expresarlo con analogías: "su fulgor era semejante al de una piedra preciosísima, como piedra de jaspe, diáfana como el cristal... Y la calle de la ciudad era de oro puro, transparente como vidrio" (Ap. 21:11, 21). Aquí en la tierra, las calles están cubiertas de grava y asfalto, y las ventanas son de cristal, pero Juan escribe sobre calles de oro que son transparentes. Ten en cuenta que en el cielo todo es hecho nuevo. Ahora solo tenemos unas instantáneas de lo que vendrá. Necesitaremos una transformación celestial para comprender tal gloria.

Las cosas nubladas de la tierra se harán transparentes en la eternidad; ahora solo Él las conoce. Al practicar la paciencia mientras esperamos, deja que los pensamientos de la gloria de los cielos llenen tu alma. Ellos te sostendrán hasta el día en que tus ojos estén completamente abiertos.

Pedro les dice a los que tienen su esperanza en el cielo: "Porque de esta manera os será otorgada amplia y generosa entrada en el reino eterno de nuestro Señor y Salvador Jesucristo" (2 P. 1:11). Cuando el Señor extienda sus brazos invitando a su pueblo a entrar, Él se volverá a su Padre y dirá: "La gloria que me diste, yo les he dado, para que sean uno, así como nosotros somos uno" (Jn. 17:22). Veremos sus manos cicatrizadas que fueron taladradas por los clavos y caeremos a sus pies llorando de alegría y alabando su nombre maravilloso. Eso es lo que veremos en el cielo.

¿Hay algo acerca del cielo que sea imperfecto o incompleto?

El cielo no solo es glorioso, sino que también es perfecto. Como ves, el pecado no tiene cabida allí. La Biblia dice: “Nunca entrará en ella nada impuro, ni los idólatras ni los farsantes” (Ap. 21:27, NVI). La mente humana no puede concebir tal pureza porque somos una raza de criaturas caídas plagadas de enfermedades, consumidas por la guerra, enfurecidas por los celos, abatidas por la soledad, hastiadas por la codicia, seducidas por la tentación, desilusionadas por los demás, en conflicto interior y demonizadas por Satanás. Esto describe lo que el escritor de Hebreos dijo: “despojémonos de todo peso y del pecado que nos asedia” (12:1). Los que conocen y siguen a Jesucristo como Señor reconocen los malos resultados del pecado.

Si alguna vez has viajado por una zona en construcción, sabes que puede ser peligroso. Los viajeros se sienten aliviados cuando ven el letrero que dice “Fin de la construcción” y cuando no tienen que preocuparse por las banderas amarillas o por esquivar los conos en el camino. Esa es una imagen de la vida cristiana, y debemos estar alerta. Los "baches" que encontramos en este viaje nos zarandean, y los "desvíos" nos sacan de la pista, pero el Señor los usa para guiar y fortalecer nuestra fe.

Antes de que mi esposa Ruth muriera en 2007, pidió que las palabras "Fin de la construcción: Gracias por su paciencia" fueran grabadas en su lápida. Hacen sonreír a todos los que visitan su lugar de descanso. Ella reconoció la importancia del mensaje en esas palabras. Cuando llegamos al final del viaje, nuestra construcción se ha completado en la tierra, y la transformación nos espera en el cielo. Como dice la Biblia: "el que comenzó en vosotros la buena obra, la perfeccionará hasta el día de Jesucristo" (Fil. 1:6).

El apóstol Santiago dijo: "Mas tenga la paciencia su obra completa, para que seáis perfectos y cabales, sin que os falte cosa alguna" (Stg. 1:4). Nada nos faltará en el cielo. Dios es paciente; sabe que aunque somos personas imperfectas, tenemos un Salvador perfecto. Qué maravillosa promesa de la Palabra de Dios para los que estamos aquí, en la tierra: "Amados, ahora somos hijos de Dios, y aún no se ha manifestado lo que hemos de ser; pero sabemos que cuando él se manifieste, seremos semejantes a él, porque le veremos tal como él es" (1 Jn. 3:2). Una vez en su presencia, por fin la obra estará completa porque seremos transformados a su semejanza.

¿Podemos estar seguros de que el cielo nos puede hacer perfectos?

En el cielo seremos perfectos, pero el cielo, por sí mismo, no puede perfeccionar nada ni a nadie; el cielo no puede salvarnos. Solo Dios —el Señor, Dueño y Propietario, que hace el cielo y a todos sus habitantes perfectos— puede hacer esto. Si bien el cielo refleja la perfección de su Soberano, es el Señor mismo quien perfecciona a sus santos.

La Biblia tiene mucho que decir sobre la perfección de Aquel que ocupa la gloria del cielo. "Escuchad, cielos, y hablaré... Él es la Roca, cuya obra es perfecta, porque todos sus caminos son rectitud; Dios de verdad, y sin ninguna iniquidad en él; es justo y recto" (Dt. 32:1, 4). Los cielos declaran que la instrucción de Dios es perfecta (Sal. 19:1, 7). Su paz es perfecta (Is. 26:3); la voluntad de Dios es perfecta (Ro. 12:2); el Padre Celestial es perfecto (Mt. 5:48); Jesucristo es el líder perfecto (He. 2:10); y solo Él es el sacrificio perfecto (He. 9:11).

Solo Aquel que es la perfección puede perfeccionar a otros: "Porque con una sola ofrenda hizo perfectos para siempre a los santificados" (He. 10:14).

Puede que te preguntes cómo podemos estar seguros de esto. Porque la Biblia lo dice; esa es *la* razón. La Palabra de Dios es la máxima autoridad, que no necesita ninguna otra documentación o testimonio de apoyo. Las Escrituras dicen: "Juró el Señor, y no se arrepentirá… Por tanto, Jesús es hecho fiador de un mejor pacto… por lo cual puede también salvar perpetuamente a los que por él se acercan a Dios" (He. 7:21-22, 25).

Dedica un momento a considerar lo que significa para Cristo *salvar por completo.* Nos gusta pensar acerca de las perspectivas del gozo del cielo, pero ¿qué es lo que *no vamos a echar de menos* en el cielo? Cuando estemos envueltos en la perfección de Cristo, no habrá más pecado, no más dolor físico, no más angustia mental, no más soledad, no más estrés diario, no más abusos, no más cansancio o falta de fuerza, no más proceso de envejecimiento, no más muerte. Nada de Satanás volverá a entrar en nuestro estado glorificado. No podemos imaginar lo que Dios tiene reservado para nosotros cuando haga nueva toda la creación. Créelo por fe y dalo a conocer a aquellos que todavía dudan de que ellos también pueden ser perfeccionados en el cielo, si acuden a Cristo y abandonan su inalcanzable satisfacción en la tierra.

¿Será el cielo sombrío y serio?

La Biblia dice que el *gozo* será el estado de ánimo celestial (Ro. 14:17). ¡Ese es un tema al que las Escrituras se refieren casi doscientas veces!

Recuerdo cuando, en las vacaciones, volvía a casa de la escuela bíblica; iba lleno de expectativa. Mi madre preparaba algunos de mis platos favoritos, y mi padre escuchaba con paciencia todo lo que estaba aprendiendo. Quería mostrarles mi respeto y honor tomando en serio la inversión que ellos estaban haciendo en mi futuro. Y nuestro hogar se llenaba de gozo.

Esto no es más que una idea de la relación que tendremos con el Señor en el cielo. Nuestras emociones y nuestros pensamientos serán perfectamente expresados ante el trono de Dios. La Biblia dice que su reino es un lugar de "justicia, paz y gozo en el Espíritu Santo" (Ro. 14:17).

El Señor dijo: "Mis propias manos extendieron los cielos, y di órdenes a sus constelaciones" (Is. 45:12, NVI). En las edades celestiales por venir, vamos a comprender mejor los astros del cielo, que Él llama por su nombre. Fijaremos nuestros ojos en sus manos, que llevan las marcas de la razón por la que se nos permitirá pasar por las puertas del cielo, en vez de ser acusados ante el trono de Dios. Cristo nos presentará impecables, con gran alegría (Jud. 24). Los redimidos del Señor "tendrán gozo y alegría, y el dolor y el gemido huirán" (Is. 51:11). El salmista declaró: "En tu presencia hay plenitud de gozo" (Sal. 16:11).

Sí, tomaremos muy en serio todo lo que Dios ha hecho por nosotros. Y tendremos gran placer en sus atributos, porque el fruto de su Espíritu es gozo (Gá. 5:22).

Cuando Jesús estuvo en la tierra, Él dijo que nos daría su gozo (Jn. 15:11) y que este gozo sería completo y nunca sería quitado (Jn. 16:22). Y el Señor cumple sus promesas. Él no nos daría algo tan maravilloso como su gozo en la tierra para luego quitárnoslo en el cielo. Entre las muchas promesas de Dios, Él dijo: "mi pueblo recibirá doble porción… y su alegría será eterna" (Is. 61:7).

¿Reconoceremos a nuestros seres queridos y nos reuniremos con ellos?

A menudo me hacen esta pregunta, y mi respuesta es siempre un rotundo sí. Un día pronto, sé que me reuniré con todos los de mi familia que ya están en el cielo, incluida mi esposa Ruth.

Y cuando esto suceda para cada creyente, tendremos comunión alrededor del trono de nuestro Padre, y por fin nos encontraremos cara a cara con Él. Y la familia de Dios —nuestros hermanos y hermanas en Cristo— estará allí. Por esto es tan importante para nosotros que les hablemos a nuestros seres queridos acerca de Cristo. No hay nada más maravilloso que nuestra familia participe en esta gran esperanza de ser parte de la familia celestial.

Jesús fue conocido por sus seguidores en su cuerpo resucitado. Cuando Cristo se transfiguró y su gloria celestial inundó su aspecto terrenal, Moisés y Elías aparecieron con Él ante Pedro, Santiago y Juan (Mt. 17:1-3). Aunque los discípulos nunca habían visto a esos grandes profetas, los reconocieron, tal como reconocieron al Señor en su estado transfigurado. Estos ejemplos nos dan una gran esperanza de que reconoceremos a los que conocíamos en la tierra e incluso otros que nunca conocimos.

A menudo se pregunta si los que mueren en la infancia estarán en el cielo. No tengo ninguna duda de que van a estar. Dios es el Dios de la esperanza y de la salvación, y podemos decir como el rey David dijo cuando murió su pequeño hijo: "¿Podré yo hacerle volver? Yo voy a él" (2 S. 12:23).

Jesús mismo dijo: "Y os digo que vendrán muchos del oriente y del occidente, y se sentarán con Abraham, Isaac y Jacob en el reino de los cielos" (Mt. 8:11). Anhelo mucho encontrarme no solo con mis seres queridos en el cielo, sino también con los profetas y los apóstoles y la madre de nuestro Señor. Pero mi mayor expectativa es contemplar con mis ojos a Jesús, que me conoce por mi nombre.

El escritor de Hebreos escribió: "Vemos a Jesús... llevar a muchos hijos a la gloria... Tanto el que santifica como los que son santificados tienen un mismo origen, por lo cual Jesús no se avergüenza de llamarlos hermanos, cuando dice: Proclamaré tu nombre a mis hermanos... Aquí me tienen, con los hijos que Dios me ha dado" (2:9-13, NVI).

Cuando la familia de Dios se reúna en el cielo para alabar su nombre, ¡será un encuentro maravilloso!

¿Nuestra adoración en el cielo será como nuestra adoración en la tierra?

La adoración en la tierra no se puede comparar con la adoración perfeccionada de los santos en el cielo. No va a ser sobre nosotros, sino será acerca de Él. Jesús dijo: "Mas la hora viene, y ahora es, cuando los verdaderos adoradores adorarán al Padre en espíritu y en verdad; porque también el Padre tales adoradores busca que le adoren... los que le adoran, en espíritu y en verdad es necesario que adoren" (Jn. 4:23-24). Él respondió así a la mujer samaritana junto al pozo, que estaba centrada solo en el *lugar* de adoración en vez de en la *Persona* que debía adorar. Jesús sabía que llegaría el día cuando los lugares de culto serían destruidos. Él estaba llevando el corazón de ella desde el lugar de adoración hacia la Persona que debe ser adorada.

Estamos viviendo en tiempos peligrosos, en los que vemos que el nombre de Cristo es atacado desde fuera de la iglesia, y también desde dentro. A veces Satanás y sus demonios se han disfrazado de oveja y se han infiltrado entre los creyentes, causando división, confusión y engaño. Jesús dijo: "Vete, Satanás, porque escrito está: Al Señor tu Dios adorarás, y a él sólo servirás" (Mt. 4:10). La Biblia dice: "Porque algunos hombres han entrado encubiertamente... hombres impíos, que convierten en libertinaje la gracia de nuestro Dios, y niegan a Dios el único soberano, y a nuestro Señor Jesucristo" (Jud. 4). Las Escrituras advierten contra la adoración a las cosas creadas en vez de al Creador (Ro. 1:25). Esto es sin duda evidente en nuestra sociedad hoy; en algunos círculos, incluso estamos peligrosamente cerca de *adorar a nuestra adoración*.

La adoración en la tierra puede tomar fácilmente la forma de una actividad sin sentido o de entretenimiento superficial. Muchos han llegado a creer que la adoración consiste solo en cantar canciones y aplaudir con nuestras manos. Pero la verdadera adoración se centra en Cristo y en vivir para Él día a día, en espíritu y en verdad. El centro de la verdadera adoración es el Señor.

Aun en nuestro mejor momento, nuestra adoración en la tierra siempre será imperfecta, incompleta e incluso superficial, y a veces aburrida. En el cielo, *nuestra adoración* será transformada. *Nuestros espíritus* no se alimentarán de la satisfacción por nosotros mismos. *Nuestras mentes* estarán fijas en Él. *Nuestros corazones* se llenarán de acción de gracias. Y *nuestros labios* expresarán la adoración debida a su nombre.

¿Tendremos trabajo para hacer en el cielo o estaremos sentados sin hacer nada?

Dios nunca quiso que sus hijos estuvieran ociosos o fueran improductivos, ya sea en la tierra o en el cielo. El cielo es para servir, no a nosotros mismos, sino a Jesucristo: "el trono de Dios y del Cordero estará en ella, y sus siervos le servirán" (Ap. 22:3).

Nosotros tendremos el alto honor de servir a Dios en el cielo, y nuestro gozo será completo, porque vamos a reinar con Cristo para siempre (Ap. 22:5). El Señor siempre ha estado bien ocupado: creando, perdonando, amando, consolando, corrigiendo, guiando. Y sin duda la obra más grande que Jesús hizo no la llevó a cabo en el taller de carpintería en Nazaret, sino más bien, durante esas tres horas oscuras en la cruz, donde murió por nosotros. Todavía hoy, Jesucristo trabaja en el cielo intercediendo por nosotros. Él dijo: "Mi Padre hasta ahora trabaja, y yo trabajo" (Jn. 5:17).

En el cielo, Dios apartó un día de descanso después de crear del mundo en seis días, pero no hay nada en las Escrituras que indique que Él tomó un día de descanso porque estaba cansado. Cuando recibamos nuestros cuerpos celestiales, también vamos a trabajar y no nos agotaremos. Y tendremos descanso; la Biblia dice que ellos "descansarán de sus trabajos, porque sus obras con ellos siguen" (Ap. 14:13).

La Palabra dice: "Tomó, pues, Jehová Dios al hombre [Adán] y lo puso en el huerto del Edén [un lugar en perfectas condiciones], para que lo labrara y lo guardase" (Gn. 2:15). Cuando Dios creó a los animales, los "trajo a Adán para que viese cómo [los] había de llamar; y todo lo que Adán llamó a los animales vivientes, ese es su nombre" (Gn. 2:19). Si en el principio, Dios le dio al hombre un trabajo agradable en la tierra, entonces lo mismo sucederá en el cielo. No habrá monotonía.

El cielo es un lugar de servicio, y los que van allí anhelan oír decir: "Bien, buen siervo y fiel… entra en el gozo de tu señor" (Mt. 25:21).

En el cielo, ¿viviremos en mansiones o palacios literales?

La Biblia nos asegura que en el cielo viviremos para siempre en la morada de Dios, y esta será gloriosa más allá de toda descripción. Será mucho mejor que cualquier palacio o mansión terrenal.

Los reyes están limitados a vivir en palacios. Los dueños de vastas propiedades viven en fincas detrás de puertas cerradas. La Palabra de Dios, sin embargo, dice que Cristo nos hará coherederos en el reino de Dios sin confinamiento; y así como la morada de Dios se extiende *más allá* de los límites de la creación, también lo hará la nuestra.

Él es dueño de todo y va a compartirlo con su pueblo. Él es el Rey y terrateniente de los cielos, la tierra y el universo entero. Ni tribunal terrenal, ni inversionista de Wall Street; no hay contador inteligente que pueda calcular la extensión de las propiedades de Dios, porque son incalculables e inestimables.

Jesús dijo a sus discípulos: "Yo, pues, os asigno un reino, como mi Padre me lo asignó a mí" (Lc. 22:29). No podemos imaginar lo que Jesús, el heredero de esta propiedad incalculable, nos tiene reservado cuando nos dice que preparará lugar para nosotros. Sin embargo, sabemos que "el Espíritu mismo da testimonio a nuestro espíritu, de que somos hijos de Dios. Y si hijos, también herederos; herederos de Dios y coherederos con Cristo" (Ro. 8:16-17).

Durante la mayor parte de mi vida adulta, he vivido en una confortable casa de madera en la cima de una montaña, y me encanta este lugar. Mi esposa Ruth supervisó la construcción de nuestra casa, y aunque ella ya no está aquí, sus toques se ven en cada habitación. Criamos nuestros cinco hijos aquí, y cuidamos de ellos mientras exploraban cada rincón y grupo de árboles alrededor de nuestra casa. Estos son recuerdos preciosos. Pero yo estoy esperando el momento de ir a un hogar mejor, un hogar perfecto, cuyo arquitecto y constructor es Dios. No tiene defectos porque es la casa del Señor, y "sus puertas nunca serán cerradas de día, pues allí no habrá noche" (Ap. 21:25). El día que yo pase por las puertas de esplendor, seré finalmente libre de los confines de la tierra.

¿Habrá animales en el cielo?

La historia de la creación de Dios es el primer relato milagroso en la Biblia, y esta incluye su creación de los animales. Si bien la Biblia no responde específicamente a esta pregunta, nadie puede dejar de notar el trabajo creativo de Dios en el reino animal. Su Palabra escrita nos da una instantánea de la obra original de sus manos: "Produzca la tierra seres vivientes según su género… animales… ganado… y todo… sobre la tierra… Y vio Dios que era bueno" (Gn. 1:24-25). Todo esto tuvo lugar antes de que el *pecado* entrara en el mundo.

Yo crecí en una granja, y los animales siempre me han fascinado. Sabemos que Dios nos los dio con un propósito, porque en los días de Noé, antes del gran diluvio, Dios preservó cada especie —macho y hembra— en el arca para que pudieran habitar la tierra de nuevo. Los animales son parte de los muchos y variados dones de Dios para el hombre. ¿Quién no sonríe mientras ve a los chimpancés imitándose unos a otros?

Nos jactamos del "mejor amigo del hombre" porque un perro fiel protegerá a su dueño, a toda costa. El pescado es una fuente de alimento, y nos encanta imaginar a Jesús compartiendo pescado asado con sus discípulos (Lc. 24:42-43). Nos maravillamos al pensar en Jesús montando el pollino de una asna en Jerusalén y esperamos con gran expectación su aparición en un caballo blanco que desciende del cielo (Ap. 19:11).

Las Escrituras hablan del futuro reino mesiánico que cautiva nuestra imaginación: "Morará el lobo con el cordero, y el leopardo con el cabrito se acostará; el becerro y el león y la bestia doméstica andarán juntos, y un niño los pastoreará" (Is. 11:6). La muerte y el mal serán destruidos en ese día, la paz perfecta reinará, y todo lo que respira, incluidos los animales, lo alabarán (Sal. 150:6). ¡Qué gran día será ese!

¿Habrá temor en el cielo?

El temor no estará presente en el reino eterno de Dios. No necesitaremos cerraduras en las puertas o rejas en las ventanas, o sistemas de alarma para alertarnos de intrusos. Todo lo que nos hace temer ahora será eliminado.

El temor es una emoción poderosa con muchas dimensiones, y la que más nos afecta es descrita como "una emoción angustiosa suscitada por un peligro, mal o dolor inminente, ya sea real o imaginario".

Sin embargo, si estuviéramos familiarizados con otra de las definiciones de temor, la anterior quedaría anulada. El *temor* también puede significar "temor reverencial", que es dar pleno respeto a nuestro santo Dios, quien ejecutará juicio sobre los injustos. Los que moran con el que es Justo no tendrán nada que temer. La Biblia dice: "El temor del hombre pondrá lazo; mas el que confía en Jehová será exaltado" (Pr. 29:25). Esa es la razón por la que las palabras "no temas" se encuentran a lo largo de toda la Biblia. La victoria sobre el mal prevalecerá en el reino de

Dios. Juan escribe: "el perfecto amor echa fuera el temor" (1 Jn. 4:18).

Hoy el miedo acecha el mundo. A pesar de que el salmista dijo: "En Dios he confiado; no temeré" (Sal. 56:4), en nuestra humanidad frágil, el miedo todavía nos invade. Jesús sabía esto y dijo. "No temáis, manada pequeña, porque a vuestro Padre le ha placido daros el reino" (Lc. 12:32).

Dios hará que todas las cosas en el cielo sean perfectas, y su amor perfecto conquistará todos nuestros temores. En el cielo, se nos promete una comunión reverencial interminable con nuestro santo Dios, que destruirá todo el mal para siempre. La Biblia dice: "Con justicia serás adornada... estarás lejos... de temor; porque no se acercará a ti" (Is. 54:14).

He dedicado mi vida a predicar buenas noticias, y aquí tienes una: En el cielo "ya no habrá más muerte, ni habrá más llanto, ni clamor, ni dolor, porque las primeras cosas pasaron" (Ap. 21:4). El reino de los cielos estará lleno de todo lo que es puro. ¡Esas son buenas noticias!

¿Habrá sufrimiento o muerte en el cielo?

No, no habrá sufrimiento ni muerte en el cielo. Cuando algo está lleno, nada puede ser añadido, y la Biblia dice que el cielo está lleno de la gloria del Señor. Aunque la muerte física llegará a los creyentes en Jesucristo (excepto los que vivan en el momento del rapto), ellos están seguros de que no habrá una segunda muerte para los que han sido redimidos. "El que venciere, no sufrirá daño de la segunda muerte" (Ap. 2:11).

La Biblia dice que Jesús padeció la muerte por todos nosotros, para llevar a muchos a la gloria y hacer la salvación perfecta a través de ese sufrimiento que conduce a la alegría (He. 2:9-10; 1 P. 4:13). Si Cristo no hubiera vencido a la muerte en la tierra, no habría vida eterna en el cielo. ¡Pero Él sí venció la muerte! La Biblia dice: "Bienaventurado y santo el que tiene parte en la primera resurrección; la segunda muerte no tiene potestad sobre éstos... y reinarán con él" (Ap. 20:6).

Dios no permitirá que la desesperación, en cualquier forma, contamine nuestra vida en el cielo, porque Él ha prometido que "enjugará... toda lágrima de los ojos de ellos" (Ap. 21:4). La Biblia nos dice que nuestra "alma será como huerto de riego, y nunca más tendrá dolor" (Jer. 31:12). El Señor declaró: "¿No lleno yo, dice Jehová, el cielo?" (Jer. 23:24). Allí no habrá funerales.

¿Habrá noche u oscuridad en el cielo?

No habrá oscuridad en el cielo. La Biblia dice: "La ciudad [de Dios] no tiene necesidad de sol ni de luna que brillen en ella; porque la gloria de Dios la ilumina, y el Cordero es su lumbrera... allí no habrá noche" (Ap. 21:23, 25).

La oscuridad es a menudo el telón de fondo para la conducta mala y secreta. Las Escrituras dicen: "los hombres amaron más las tinieblas que la luz... y no viene a la luz, para que sus obras no sean reprendidas" (Juan 3:19-20). Judas guió a un grupo hasta Jesús portando "linternas y antorchas, y con armas", para traicionar a nuestro Señor en la oscuridad de la noche (Jn. 18:3). Como creyentes, sin embargo, nosotros "no somos de la noche ni de las tinieblas" (1 Ts. 5:5).

Aun así, cuando la luz brilla en la noche, puede traer un rayo de esperanza. La gloria del Señor brilló alrededor de los pastores mientras cuidaban sus rebaños a la noche, cuando un ángel apareció y declaró: "he aquí os doy nuevas de gran gozo... os ha nacido hoy... un Salvador" (Lc. 2:10-11). La noche nunca podría tener una belleza propia si no fuera por las estrellas que Dios ha colgado en el cielo, que brillan intensamente. Cuando Dios comenzó su obra de la creación, la tierra estaba envuelta en tinieblas. Él dijo: "Sea la luz; y fue la luz. Y vio Dios que la luz era buena" (Gn. 1:3-4).

Cuando yo era niño y el anochecer caía sobre toda nuestra granja, mi madre encendía las lámparas que iluminaban nuestra casa, porque nuestro trabajo no había acabado, y necesitábamos luz. La Biblia dice que viene el día cuando Jesús apagará la tenue luz de este mundo, y su pueblo caminará por las orillas del río de la vida a la luz de su gloria, después de haber sido llamados de las tinieblas a su luz admirable (1 P. 2:9). Y en esa luz eterna, nuestra obra —su obra— continuará.

¿Habrá denominaciones en el cielo?

No, no habrá denominaciones en el cielo. "El Señor Dios Todopoderoso y el Cordero son su templo" (Ap. 21:22, NVI). En ese entonces, se cumplirá la oración de Jesús: "Para que sean uno, así como nosotros" (Jn. 17:11).

La Iglesia —el cuerpo de Cristo— es mucho más importante y excelente que cualquier edificio o denominación. Es la gran comunidad de hombres y mujeres de todos los siglos que pertenecen a Cristo. Pablo escribió sobre "la casa de Dios, que es la iglesia del Dios viviente" (1 Ti. 3:15).

La adoración celestial no se llevará a cabo en el templo de la Primera Iglesia Metodista o en el santuario de la Comunidad Bautista Emanuel. Juan nos habla acerca de nuestro lugar de adoración en la Ciudad Santa: "He aquí el tabernáculo de Dios con los hombres… Y no vi en ella templo; porque el Señor Dios Todopoderoso es el templo de ella, y el Cordero" (Ap. 21:3, 22). El tabernáculo de Dios será el centro de toda adoración y alabanza.

La gente organiza denominaciones, pero Jesús instituyó la Iglesia y la llamó "mi iglesia"

(Mt. 16:18), formada por los que son de Cristo. Él es la piedra angular (1 P. 2:6) y la cabeza de la Iglesia (Ef. 5:23). Él la llama una casa espiritual, una casa de oración, y su cuerpo (1 Co. 12:27). Su comisión es: "Id por todo el mundo y predicad el evangelio" (Mr. 16:15).

Nos recibirán en el cielo debido a nuestra posición en Cristo, no a causa de nuestra iglesia o por las credenciales de la escuela dominical. La Biblia dice: "ustedes se han acercado… a la ciudad del Dios viviente… a una asamblea gozosa, a la iglesia de los primogénitos inscritos en los cielos… a Dios… Tengan cuidado de no rechazar al que habla" (He. 12:22-23, 25, NVI).

Jesucristo dio las llaves del reino de los cielos a la Iglesia y envió al Espíritu Santo para morar en ella (Mt. 16:19). Al principio, los seguidores de Cristo fueron llamados cristianos (Hch. 11:26), y la Iglesia era conocida como "el Camino" (Hch. 9:2). No hay mejor nombre que describa cómo ser parte de ella: "Yo soy el camino, y la verdad, y la vida; nadie viene al Padre, sino por mí" (Jn. 14:6).

Seamos, pues, fieles con la tarea que Dios nos ha dado en la tierra, de modo que aquellos que encontramos a diario tengan la oportunidad de convertirse a Cristo y adorar al Salvador con nosotros en el tabernáculo de Dios.

¿Habrá comida y bebida en el cielo?

Jesús aseguró a sus discípulos: "Yo, pues, os asigno un reino... *para que comáis y bebáis a mi mesa en mi reino,* y os sentéis en tronos" (Lc. 22:29-30).

Algunos han especulado que los cuerpos glorificados no requerirán alimentos para su sustento, pero el Señor prometió: "Al que venciere, le daré a comer del árbol de la vida, el cual está en medio del paraíso de Dios" (Ap. 2:7). Y Juan nos da una idea de esta revelación: "a uno y otro lado del río, estaba el árbol de la vida, que produce doce frutos, dando cada mes su fruto" (Ap. 22:2). Esto parece indicar un suministro abundante de parte de Dios Creador.

Recuerda también que cuando Jesús se apareció a sus seguidores en su cuerpo glorificado, les preguntó si tenían algo para comer. Lucas informa que "le dieron parte de un pez asado... y él lo tomó, y comió delante de ellos" (Lc. 24:42-43). No es que Jesús tuviera hambre, porque Él ya no estaba sujeto a las necesidades humanas. Creo que comió con ellos por dos razones: para probar su resurrección corporal y para tener comunión con sus discípulos. Cuando estuvo con ellos la última vez, disfrutaron juntos del compañerismo alrededor de la mesa y compartieron la comida de la Pascua.

Después de todo, ¿qué sería una reunión familiar sin comida? Cuando la familia de Dios se reúna en su reino, vamos a disfrutar de la comida celestial y bendita con el Cordero. Él mirará en las almas reunidas alrededor de la mesa del Señor, y su corazón estará lleno. "Porque vendrán... y se sentarán a la mesa en el reino de Dios" (Lc. 13:29).

Antes de ese día, sin embargo, no pases por alto todas las oportunidades que Dios te da para "Gustad, y ved que es bueno Jehová" (Sal. 34:8).

¿Qué sucede cuando morimos?

Aunque ande en valle de sombra de muerte,
No temeré mal alguno, porque tú
estarás conmigo;
Tu vara y tu cayado me infundirán aliento…
Ciertamente el bien y la misericordia me
seguirán todos los días de mi vida,
Y en la casa de Jehová moraré por largos días.

Salmos 23:4, 6

¿Por qué debemos morir?

La muerte es el castigo por el pecado, y debido a que todos estamos infectados con la enfermedad del pecado, todos estamos sujetos a la muerte. La Biblia dice: "Porque la paga del pecado es muerte" (Ro. 6:23).

La muerte nunca fue parte del plan original de Dios. Él dijo a Adán: "De todo árbol del huerto podrás comer; mas del árbol de la ciencia del bien y del mal no comerás; porque el día que de él comieres, ciertamente morirás" (Gn. 2:16-17).

No había nada mágico sobre el árbol, pero Dios tenía todo el derecho a negárselo a Adán y a Eva, y protegerlos del conocimiento del mal. Pero Satanás estaba decidido a hacer que a ellos les pareciera atractivo lo que estaba *prohibido*. El pecado que cometieron fue de desobediencia a Dios… y con el tiempo, ellos murieron, como Dios les había advertido. La mentira de Satanás de que iban a "ser como Dios" se apoderó de ellos y les hizo olvidar todas las disposiciones que Dios amorosamente les había dado (Gn. 3:5-7). Este es el pecado que satura nuestros corazones hasta este día: creer los engaños de Satanás en vez de respetar y honrar los dones de gracia de Dios.

La muerte es el destino común de todo ser viviente: personas, plantas y animales. La muerte afecta a toda la creación. Desde el momento en que nace un niño, comienza el proceso de morir y la lucha por evitarlo. Pero Dios, en su gran amor, hizo posible que nosotros tengamos la victoria sobre la muerte, a pesar de que tenemos que pasar por ella. La Biblia nos dice que la muerte no puede separar a los creyentes en Jesucristo del amor de Dios (Ro. 8:38-39). También dice: "os he puesto delante la vida y la muerte, la bendición y la maldición; escoge, pues, la vida, para que vivas tú y tu descendencia... porque él es vida para ti" (Dt. 30:19-20).

La muerte de los justos no es algo que tengamos que temer o evitar. Es el umbral de entrada al cielo, el palacio de Dios.

¿Por qué tenemos miedo a morir?

Tenemos miedo a morir porque no podemos ver más allá de este mundo. La muerte nos pone a todos a la misma altura. Despoja a los ricos de sus millones, y a los pobres de sus harapos. La muerte no conoce límites de edad ni hace distinciones. Eso es lo que temen todos los seres humanos.

Para algunos, el proceso de morir es lo que es tan aterrador; incluso los más devotos son susceptibles a este temor. El rey David dijo: "terrores de muerte sobre mí han caído" (Sal. 55:4). Los discípulos clamaron al Señor: "¡Señor, sálvanos, que perecemos!" (Mt. 8:25).

Para otros, lo aterrador es la incertidumbre sobre lo que sucede *después* de la muerte, y por eso esta lleva consigo una sensación de temor. Se convierte en el enemigo, el misterio grande y monstruoso que hace que la gente tiemble de miedo. Sin embargo, cuando a David le llegó el momento de morir, expresó su seguridad en la vida futura y "habló de la resurrección de Cristo, que su alma no fue dejada en el Hades, ni su carne vio corrupción" (Hch. 2:31). Los discípulos, que una vez habían temido la muerte en el lago de Galilea, fueron por todo el mundo proclamando que la muerte había sido vencida mediante la resurrección de Jesucristo.

¿Por qué vivir en un mar de desesperación cuando puedes vivir sabiendo que, después de la muerte, la vida puede ser experimentada como estaba planeada desde el principio, en comunión con nuestro Creador y nuestro Señor? Esa es la confianza que los cristianos poseen. La muerte señala el comienzo de una vida nueva y maravillosa en el cielo con Cristo, que va a durar para siempre. Para el creyente, la muerte no es más que la puerta de entrada a la vida eterna. Mientras tanto "El Dios sempiterno es tu refugio; por siempre te sostiene entre sus brazos" (Dt. 33:27, NVI).

¿Cómo sabemos que nuestras almas no quedan atrapadas en nuestros cuerpos cuando morimos?

Hay una buena razón: Dios ha prometido llevarnos con Él cuando muramos. La Biblia dice: "Porque sabemos que si nuestra morada terrestre, este tabernáculo [nuestro cuerpo], se deshiciere, tenemos de Dios un edificio, una casa no hecha de manos, eterna, en los cielos" (2 Co. 5:1).

Jesús dijo que nuestras almas, que son obra de sus manos, son más valiosas para Él que todo el resto del mundo junto. La Biblia nos enseña que, aunque nuestros cuerpos son carne y hueso —y morirán en algún momento—, también somos inmortales, almas eternas. El alma (o espíritu) incluye nuestra conciencia, así como la parte de nosotros que piensa, siente y sueña. Eso nunca morirá, sino que vivirá para siempre, ya sea en el cielo o el infierno. Por encima de todo, por medio de nuestras almas podemos conocer a Dios y tener comunión con Él.

Cuando Dios creó a Adán, Él formó su cuerpo del polvo de la tierra. Ese cuerpo no empezó a vivir hasta que Dios sopló en él "aliento de vida, y fue el hombre un ser viviente" (Gn. 2:7). Cuando una persona muere, el cuerpo se rinde a los estragos de la edad y de la enfermedad, y decae; pero el espíritu (alma) vuelve a su Creador: "Volverá entonces el polvo a la tierra, como antes fue, y el espíritu volverá a Dios, que es quien lo dio" (Ec. 12:7, NVI). Pablo declaró que estar en el cielo es "estar ausentes del cuerpo, y presentes al Señor" (2 Co. 5:8).

¿Has querido alguna vez ir a algún lugar, pero estabas demasiado cansado? Tu cuerpo se queda en casa, pero tus pensamientos están donde te gustaría estar. Esa es una imagen de la separación del cuerpo y el alma. El cuerpo será enterrado en la tierra a la espera de la resurrección final, pero el alma estará en la presencia y el cuidado de Dios.

Podemos pasar todo nuestro tiempo mimando nuestro cuerpo, pero si ignoramos nuestra alma, vamos a terminar espiritualmente hambrientos. Mientras estamos aquí, debemos cuidar de nuestra alma —que es el tesoro de Dios— alimentándola con la Palabra de Dios, porque es lo único que podemos llevar de nuestra experiencia terrenal al cielo.

Cuando muramos, ¿estaremos inmediatamente con el Señor en el cielo, o pasaremos un tiempo en el "sueño del alma" antes de entrar en la presencia de Dios?

La Biblia enseña "estar ausentes del cuerpo, y presentes al Señor" (2 Co. 5:8). El apóstol Pablo, escribiendo en medio de sus dificultades en la cárcel, anhelaba la gloria que le esperaba cuando mataran su cuerpo y él entrara en la presencia del Señor: "[Tengo] deseo de partir y estar con Cristo, lo cual es muchísimo mejor" (Fil. 1:23).

El apóstol Juan tuvo una experiencia diferente en la cárcel. Cuando recibió una visión del cielo, él describió que vio "las almas de los que habían sido muertos por causa de la palabra de Dios" (Ap. 6:9). Estos eran mártires cristianos, y Juan los oyó clamar y pedir que el Señor vengara su sangre. Juan oyó que la voz "les dijo que descansasen todavía un poco de tiempo" (6:11). Aquí tenemos una imagen de las almas en reposo, en la presencia de Dios. Mientras que sus cuerpos están aún en la tumba esperando la resurrección final, el Espíritu de Dios conforta sus espíritus, porque Él es el Dios de toda consolación. Jesús dijo: "Dios no es Dios de muertos, sino Dios de vivos" (Mr. 12:27). Una de las consolaciones de ser cristiano es la grandiosa esperanza que se extiende más allá de la tumba al mañana glorioso de Dios. Como Jesús declaró al malhechor arrepentido que había sido crucificado con Él: "De cierto te digo que *hoy* estarás conmigo en el paraíso" (Lc. 23:43).

¿Los muertos son acompañados por los ángeles al cielo?

En realidad tenemos una visión de esto en el relato de Jesús sobre el hombre rico y el mendigo llamado Lázaro. Cuando murió el mendigo, Jesús dijo que "fue llevado por los ángeles al seno de Abraham [otro término para cielo]" (Lc. 16:22).

Muchos relatos hablan de santos que mueren en paz debido a esta presencia angelical. El Señor es el Dios de toda consolación, y Él emplea su ejército celestial de ángeles para darnos advertencias de peligro, nuevas de gozo y mensajes de paz. La Biblia los llama "espíritus ministradores, enviados para servicio a favor de aquellos que serán herederos de la salvación" (He. 1:14). Creer que Dios enviará a estos consoladores angelicales para que nos acompañen a salir de este mundo y entrar al siguiente debiera dar gran paz a nuestras almas. La Biblia dice: "Jehová… guardará tu alma… Jehová guardará tu salida y tu entrada" (Sal. 121:7-8).

Debemos recordar, sin embargo, que mientras los ángeles de Dios nos proporcionan consuelo y protección —incluso en la muerte—, es Dios quien los envía, y no debemos adorarlos.

Por ejemplo, considera la conversación entre Juan y un ángel en Apocalipsis. El apóstol estaba tan abrumado con la grandeza del cielo que cayó a los pies del ángel para adorarlo. El ángel le dijo: "Mira, no lo hagas; porque yo soy consiervo tuyo, de tus hermanos los profetas y de los que guardan las palabras de este libro. Adora a Dios" (Ap. 22:9). Las Escrituras claramente condenan la adoración de los ángeles (Col. 2:18). Solo Dios —Padre, Hijo y Espíritu Santo— es digno de nuestra alabanza y adoración.

¿Cuál es el papel de Jesucristo en el cielo?

Cristo está sentado a la diestra de Dios en el cielo, donde intercede por nosotros.

¿Qué significa eso exactamente? La Biblia dice que Dios designó a su único Hijo, Jesús, como heredero de todo, y que "habiendo efectuado la purificación de nuestros pecados por medio de sí mismo, se sentó a la diestra de la Majestad en las alturas" (He. 1:3) como nuestro sumo sacerdote y abogado. La Biblia dice: "abogado tenemos para con el Padre, a Jesucristo el justo" (1 Jn. 2:1). Podemos caer en el pecado, pero Él no nos suelta de su mano.

¡Qué gran promesa para los creyentes! Cuando uno de los suyos tropieza, Jesús le dice a su Padre algo como: "Se arrepintió… y yo lo he perdonado" o "Padre, esta mujer me pertenece; sus pecados están cubiertos por mi sangre". Jesús es el heredero del cielo, y como sus hijos, somos "herederos de Dios y coherederos con Cristo" (Ro. 8:17).

Jesús oró: "La gloria que me diste, yo les he dado… para que sean perfectos en unidad, para que el mundo conozca que tú me enviaste" (Jn. 17:22-23). Si bien Cristo reserva nuestro lugar en el cielo, nuestra vida eterna fue ganada mediante su obra en el Calvario. Nuestra aceptación en el cielo queda, entonces, determinada en la tierra por medio del arrepentimiento de los pecados y de recibir a Cristo como nuestro Salvador y Señor.

Desde el cielo, el Señor también observa lo que sucede en la tierra. Justo antes de morir, Esteban puso "los ojos en el cielo, vio la gloria de Dios, y a Jesús que estaba a la diestra de Dios, y dijo: He aquí, veo los cielos abiertos, y al Hijo del Hombre que está a la diestra de Dios". Los acusadores le oyeron a Esteban decir: "Señor Jesús, recibe mi espíritu" (Hch. 7:55-59). Esteban cayó al suelo bajo la lluvia de piedras y clamó: "Señor, no les tomes en cuenta este pecado. Y habiendo dicho esto, durmió" (v. 60).

Qué conversación debe de haber habido entre el Padre y el Hijo. Ningún libro es lo suficientemente grande para dar un relato completo de la obra de Jesús (Jn. 21:25). Lo que más importa es que su obra se ha completado, y nuestro papel en el cielo será glorificarlo por lo que Él ha llevado a cabo. Nos maravillaremos al escuchar el resto de *su historia*.

¿Cuáles son los beneficios de la muerte para los creyentes?

El mayor beneficio es que nos veremos libres de todos los dolores, penas y males de esta vida, y estaremos a salvo en la presencia de Dios para siempre.

Cuando compramos un seguro de vida, el paquete de beneficios determina el costo de la póliza, y el asegurado debe morir para que se pague la póliza del seguro de vida. Si lo piensas bien, el mismo tipo de transacción ocurrió en el Calvario cuando Jesús fue crucificado. No importa cuán rica pueda ser una persona, solamente Uno podía pagar el costo de la vida eterna, y los beneficios están garantizados y guardados en el tesoro de la esperanza. El dueño de la póliza es el Señor Jesucristo; el costo fue la sangre de su vida para redimirnos del pecado; el beneficio pagado por completo es nuestra seguridad de vida eterna en el reino de Dios, redimible para todos los que intercambian un corazón pecaminoso por un corazón perdonado. Cuando las almas pasan de la muerte a la nueva vida, la fe de las cosas que ellos esperaban se ve claramente: "Porque donde está vuestro tesoro, allí estará también vuestro corazón" (Lc. 12:34).

Dios describe su paquete de beneficios en *su voluntad* para nosotros:

"Y esta es la voluntad del que me ha enviado: Que todo aquel que ve al Hijo, y cree en él, tenga vida eterna; y *yo le resucitaré* en el día postrero" (Jn. 6:40).

"…el que me ama, será amado por mi Padre, y *yo le amaré*, y me manifestaré a él" (Jn. 14:21).

"…*le daré* a comer del árbol de la vida, el cual está en medio del paraíso de Dios" (Ap. 2:7).

"…yo te daré *la corona de la vida*" (Ap. 2:10).

"…*escribiré* sobre él el nombre de mi Dios" (Ap. 3:12).

"…*yo le daré* gratuitamente de la fuente del agua de la vida" (Ap. 21:6).

"El que venciere heredará todas las cosas, y *yo seré* su Dios, y él será mi hijo" (Ap. 21:7).

Así, pues, a diferencia de las pólizas de seguro que compramos, el mayor beneficio que recibe el creyente cuando muere no se encuentra en la letra pequeña, sino en las señales de los clavos en las manos de Jesús.

¿Prohíbe Dios la cremación?

Las Escrituras enseñan que debemos honrar el cuerpo porque es el templo del Espíritu Santo (1 Co. 6:19). En tiempos bíblicos, la sepultura era la práctica común, ya que era visto como una señal de respeto. Cuando practicaban la cremación, se mostraba desprecio por la persona (Jos. 7:25). Hoy día, la cremación se practica a menudo en culturas que no tienen respeto por el cuerpo humano como creación de Dios, lo que, por lo general, lleva a los cristianos en esas sociedades a rechazarla. Dios nos dio nuestros cuerpos, y cuando vio todo lo que había hecho, "era bueno en gran manera" (Gn. 1:31).

Si bien la cremación es hoy cada vez más aceptada entre los cristianos, el enterramiento (que un cuerpo descanse en la tierra) ha sido el método preferido como un acto de respeto por la creación de Dios. También refleja la gran atención que se le dio al cuerpo del Señor después de su muerte. Jesús dijo: "Esto es mi cuerpo que por vosotros es partido" (1 Co. 11:24). Nuestros corazones se conmueven cuando leemos en las Escrituras cómo las mujeres fueron a la tumba en ese primer domingo de resurrección con la esperanza de ungir su cuerpo, solo para encontrar la tumba vacía y un ángel que anunciaba su resurrección (Mr. 16:1-7). Un día estaremos ante el Señor en el cielo, porque nuestros cuerpos también serán resucitados.

Esto no quiere decir que los cuerpos dispuestos de otra manera —enterrados en el mar, quemados como mártires en la hoguera o cenizas humanas esparcidas por las colinas y los valles— no vayan también a ser resucitados. La Biblia dice: "Y entonces enviará sus ángeles, y juntará a sus escogidos de los cuatro vientos, desde el extremo de la tierra hasta el extremo del cielo" (Mr. 13:27). Abraham dijo: "yo, que apenas soy polvo y ceniza" (Gn. 18:27, NVI). La Biblia nos dice que "el primer hombre es de la tierra, terrenal" (1 Co. 15:47).

Debemos honrar la tienda de campaña de nuestra morada terrenal siempre que eso nos sea posible, porque el cuerpo físico es la obra de sus manos. Pero podemos consolarnos en que Dios es capaz de reunir lo que ha sido dispersado.

¿Qué significa ser "transformados en un abrir y cerrar de ojos"?

En la lengua griega, *un abrir y cerrar de ojos* implica solo la mitad de un guiño, y eso es la expresión que Pablo utilizó para describir la rapidez con que Dios transformará nuestros cuerpos en la resurrección.

En la era de la tecnología, los usuarios no cuestionan los nanosegundos (una milmillonésima parte de un segundo), que es la unidad de tiempo que toma una computadora para acceder a su memoria. Una persona puede comenzar a escribir una frase y antes de que haya terminado, aparecerá en la pantalla; sin embargo, muchos dudan de que Dios pueda transformar su creación en un abrir y cerrar de ojos.

La Biblia nos dice que, al final de la presente era, una generación de creyentes no conocerá la muerte corporal, es decir, la generación que todavía esté viva cuando Cristo regrese por los suyos. Durante las últimas horas que estuvieron juntos antes de su muerte, Jesús dijo a los discípulos que Él se iba. Luego les dijo: "vendré otra vez, y os tomaré a mí mismo" (Jn. 14:3). Este suceso se conoce como el rapto.

Posteriormente, aquellos se unirán a los creyentes de todas las épocas en la última resurrección, el instante en que nuestros cuerpos mortales serán transformados en la semejanza de nuestro Señor Jesucristo resucitado. Pablo dijo: "He aquí, os digo un misterio: No todos dormiremos; pero todos seremos transformados, en un momento, en un abrir y cerrar de ojos, a la final trompeta; porque se tocará la trompeta, y los muertos serán resucitados incorruptibles, y nosotros seremos transformados" (1 Co. 15:51-52).

En un abrir y cerrar de ojos, el polvo que regresó a la tierra en la muerte se convertirá en vida destinada al cielo con Cristo.

¿Qué es un cuerpo resucitado?

Los cuerpos resucitados son cuerpos físicos reunidos con el espíritu (alma), pero sin ninguna imperfección o debilidad. En esa condición, serán como el cuerpo resucitado de nuestro Señor Jesucristo.

En la resurrección, el cuerpo carnal, físico, que era propenso a deambular en el pecado, se convertirá en un cuerpo glorioso, lleno del Espíritu y liberado del pecado: "Y así como hemos traído la imagen del terrenal, traeremos también la imagen del celestial [Cristo]... Porque es necesario que esto corruptible se vista de incorrupción, y esto mortal se vista de inmortalidad" (1 Co. 15:49, 53).

El cuerpo que yace descomponiéndose en la tumba pudo haber sido consumido por la edad, agotado por enfermedades o heridas, o maltratado por accidentes, pero en la resurrección ese cuerpo será levantado en gloria. Nuestras mentes limitadas no pueden comprender lo que va a ocurrir en ese momento, pero sí sabemos que nuestros cuerpos resucitados serán libres de toda enfermedad, y no sabrán nada de debilidad física. Las limitaciones impuestas en esta tierra no se conocen en el cielo. Vamos a tener una morada de Dios que es incorruptible, inmortal y poderosa. Como el apóstol dice: "Se siembra en deshonra, resucitará en gloria; se siembra en debilidad, resucitará en poder" (1 Co. 15:43). Puede que ahora no seamos capaces de comprender esto, pero nuestros cuerpos y nuestras mentes (nuestra comprensión) serán iluminados por Cristo.

Las Escrituras no enseñan que recibiremos un segundo cuerpo, sino un cuerpo nuevo, el mismo cuerpo que tuvimos en la tierra, solo que transformado, en la semejanza de Cristo. No tenemos ese tipo de cuerpo ahora, pero el viejo pasará y el nuevo vendrá (2 Co. 5:17). Este principio, que se aplicó a la nueva vida del pecador en el momento de la salvación, también mira hacia el futuro, a nuestra nueva vida en el cielo. El pecado es vencido por el sacrificio de Cristo, y la muerte es vencida por su resurrección. La promesa de la vida eterna en la tierra se cumple en la realidad de los cielos.

¿Quién estará incluido en la resurrección de los muertos?

Cristo Jesús enseñó que los justos y los injustos serán resucitados. Él les dijo a quienes lo perseguían: "No os maravilléis de esto; porque vendrá hora cuando todos los que están en los sepulcros oirán su voz; y los que hicieron lo bueno, saldrán a resurrección de vida; mas los que hicieron lo malo, a resurrección de condenación" (Jn. 5:28-29). Los que han recibido a Cristo vivirán con Él para siempre. Los que lo rechazaron vivirán en la eternidad separados de Él. Esta es una triste realidad.

Pero la gracia de Dios es también una realidad. Cristo murió por *todos* los pecadores (2 Co. 5:15). La Biblia dice que Cristo fue "Despreciado y desechado entre los hombres" (Is. 53:3), pero en su gracia, desea que *todos* reciban la salvación que se les ofreció por medio de sus brazos extendidos en la cruz.

La muerte no es el fin para nadie, no importa quiénes seamos. Seguimos viviendo en el cielo con Dios o en ese otro lugar de desesperanza absoluta que la Biblia llama infierno. Es la incredulidad la que cierra la puerta del cielo y abre la del infierno. Es la incredulidad la que rechaza la Palabra de Dios y niega a Cristo como Salvador. Es la incredulidad la que hace que los hombres hagan oídos sordos al evangelio. Solo una respuesta podrá dar a una persona el privilegio seguro de entrar en el cielo: "Yo he creído en Jesucristo y lo he aceptado como mi Salvador y Señor". Esos son los cuerpos que serán levantados en gloria, poder y victoria.

¿Qué es el purgatorio, y van a ser enviadas allí algunas personas antes de entrar en el cielo?

Las Escrituras no hablan del purgatorio ni apoyan esa idea. La idea se desarrolló durante la llamada Edad Media, y el propósito era designar un lugar donde fueran enviados los que habían muerto para ser purificados del pecado. Pero esto sería descartar la obra de Cristo en la cruz. La Biblia dice: "Y vosotros, estando muertos en pecados… os dio vida juntamente con él, perdonándoos *todos* los pecados" (Col. 2:13).

El apóstol Pablo, bajo la dirección del Espíritu Santo, escribió: "Mas Dios muestra su amor para con nosotros, en que siendo aún pecadores, Cristo murió por nosotros. Pues mucho más, estando ya justificados en su sangre, por él seremos salvos de la ira" (Ro. 5:8-9).

La ira de Dios hacia el pecado ha sido satisfecha —total y completamente— en la cruz. "Pero Cristo, habiendo ofrecido una vez para siempre un solo sacrificio por los pecados, se ha sentado a la diestra de Dios… porque con una sola ofrenda hizo perfectos para siempre a los santificados"

(He. 10:12, 14). A los ojos de Dios, nada puede hacernos más justos de lo que ya somos por medio de la sangre purificadora de Jesucristo. Mediante su muerte y resurrección, Él compró nuestra salvación total y completamente.

¿Por qué un Dios amoroso enviaría a alguien al infierno?

Si lo piensas bien, son las personas las que realmente se lanzan ellas mismas al infierno debido a su incredulidad y su rebelión contra Jesucristo. Pero permíteme asegurarte que Dios no quiere que vayamos allí.

Es mucho más fácil para nosotros aceptar el tema del cielo que el tema del infierno y, sin embargo, la Biblia enseña sobre ambos. Puede que te sorprenda descubrir que Jesús fue quien enseñó más acerca del infierno o nos advirtió contra este, y debemos tomar sus palabras muy en serio.

Algunos enseñan que todo el mundo finalmente se salvará, porque un Dios de amor nunca enviaría a nadie al infierno. Ellos sostienen que palabras como *eternidad* y *sempiterno* no significan *para siempre*. Sin embargo, la misma palabra en la Biblia que habla de destierro eterno de Dios en el infierno también se utiliza para describir la felicidad eterna en el cielo.

¿Qué es el infierno? La Biblia nos da varias imágenes vívidas, como cuando dice que es un lugar de "oscuridad, donde habrá llanto y rechinar de dientes" (Mt. 8:12, NVI). También lo describe como un lugar de absoluta desesperanza, porque Dios no está allí, y los que van allí nunca experimentan el gozo, la belleza y la paz del cielo. Sus habitantes "sufrirán pena de eterna perdición, excluidos de la presencia del Señor y de la gloria de su poder" (2 Ts. 1:9).

Jamás una palabra sobre el infierno escrita en la Biblia nos hará querer ir allí. Un profesor de seminario dijo una vez: "Nunca prediques sobre el infierno, sin lágrimas en tus ojos". No tomes el infierno a la ligera ni te convenzas de que no existe. Sí existe.

La vida en la tierra tiene dos caminos, dos puertas y dos destinos. Elije el único camino que conduce a la puerta del cielo. Jesús dijo: "Yo soy el camino" (Jn. 14:6); Jesús dijo: "Yo soy la puerta" (Jn. 10:9); y también dijo: "Arrepentíos, porque el reino de los cielos se ha acercado" (Mt. 4:17). Él estaba pensando en ti cuando bajó del cielo. Consideró tu alma cuando fue a la cruz. Se preocupa por ti cuando mira desde el cielo. Pídele que entre en tu corazón para que puedas morar con Él por toda la eternidad.

¿Nos convertimos en ángeles cuando morimos, como algunos piensan?

Puede que esto nos parezca una idea interesante, pero no nos convertimos en ángeles cuando morimos. Los ángeles son diferentes de nosotros, y en el cielo se conservará esa diferencia.

Los santos ángeles son gloriosos seres espirituales a las órdenes de Dios, pero el don de la gracia ha sido extendido a la raza humana. Dios hizo provisión para la salvación de los hombres caídos, pero no hizo ninguna provisión para la salvación de los ángeles caídos, que se rebelaron contra su Creador y siguieron a Lucifer (Satanás). Los ángeles santos, sin embargo, no pecaron y nunca perdieron su gloria original o su relación con Dios. Esto les asegura su lugar exaltado en el orden de Dios e, incluso ahora, le sirven con gran poder. La Biblia dice: "¿No son todos espíritus ministradores, enviados para servicio a favor de los que serán herederos de la salvación?" (He. 1:14).

Jesús se identificó con la humanidad caída cuando Él "fue hecho un poco menor que los ángeles" (He. 2:9). Los ángeles no pueden dar testimonio de la salvación por gracia mediante la fe, pero sí exaltar al que bajó de su trono de gloria y entró en el escenario humano, humillándose ante los ojos de las huestes angelicales. La Biblia dice: "Aun los mismos ángeles anhelan contemplar esas cosas" (1 P. 1:12, NVI).

En el cielo, aquellos cuyas almas han sido redimidas por la sangre de Cristo le servirán con alegría, y ellos, a su vez, serán servidos por los santos ángeles de Dios. Los ángeles estarán parados a un lado cuando los creyentes sean introducidos en sus ilimitadas riquezas eternas. Si lo piensas bien, no hay pecador salvado por gracia que quiera renunciar a su posición exaltada en Cristo para convertirse en un ángel.

La Iglesia es el cuerpo de Cristo, y representa la más alta expresión del amor de Dios. Ningún amor podría ir más profundo, subir más alto o extenderse más allá del amor increíble que lo movió a dar a su Hijo unigénito para redimir a los perdidos. Y los ángeles celebran cada uno que es encontrado: Jesús dijo: "Así os digo que hay gozo delante de los ángeles de Dios por un pecador que se arrepiente" (Lc. 15:10).

¿Qué haremos en el cielo?

Y cantaban un nuevo cántico, diciendo: Digno eres de tomar el libro y de abrir sus sellos; porque tú fuiste inmolado, y con tu sangre nos has redimido para Dios, de todo linaje y lengua y pueblo y nación; y nos has hecho para nuestro Dios reyes y sacerdotes, y reinaremos sobre la tierra.

Apocalipsis 5:9-10

¿A qué nos pareceremos cuando lleguemos al cielo?

La Biblia no responde a todas nuestras preguntas sobre el cielo. Sin embargo, esta pregunta queda respondida, al menos en parte, en 1 Juan 3:2: "Amados, ahora somos hijos de Dios, y aún no se ha manifestado lo que hemos de ser; pero sabemos que cuando él se manifieste, seremos semejantes a él, porque le veremos tal como él es".

Es natural sentir curiosidad acerca de *lo que no sabemos*. Anhelamos saber lo que está más allá de la colina. Muchos han escudriñado las Escrituras tratando de encontrar una pista sobre cómo se verán nuestros cuerpos en la otra vida.

La Biblia no nos dice cómo nos vamos a ver en el cielo, pero parece que nos reconoceremos unos a otros, tal como Moisés y Elías fueron reconocidos por los discípulos que presenciaron la transfiguración de Jesús (Mt. 17:1-8). La Biblia dice: "Jehová no mira lo que mira el hombre; pues el hombre mira lo que está delante de sus ojos, pero Jehová mira el corazón" (1 S. 16:7). Parte de la gloria del cielo es que nuestros cuerpos serán transformados y que llegaremos a ser como Jesucristo, en su cuerpo resucitado perfecto. No vamos a estar sujetos a los males y a los estragos de la vejez como lo estamos ahora, porque seremos transformados.

Solo Dios podía tomar dos ojos, una nariz y una boca, y hacer de cada persona un individuo totalmente único. No es inconcebible, pues, que Dios en el cielo pueda perfeccionar a sus hijos —que llevan su imagen— sin cambiar su singularidad individual.

Si bien la Biblia no dice exactamente cómo vamos a vernos, sí nos dice que nuestros rostros reflejarán el rostro de nuestro Redentor. "En cuanto a mí, veré tu rostro en justicia; estaré satisfecho cuando despierte a tu semejanza" (Sal. 17:15). El cielo no reflejará nuestros deseos terrenales; en su lugar, reflejaremos al Rey del cielo, a nuestro Señor Jesucristo.

¿Cantaremos con los ángeles en el cielo?

Sí, vamos a cantar en el cielo, e incluso vamos a escuchar a Jesús cantar (Sof. 3:17). Jesús promete: "En medio de la congregación te alabaré" (He. 2:12).

En el último libro de la Biblia, Juan vio en el cielo a los que cantan "con las arpas de Dios. Y cantan el cántico de Moisés... y el cántico del Cordero" (Ap. 15:2-3). También escuchó a los ángeles cantando en el cielo: "Y miré, y oí la voz de muchos ángeles alrededor del trono... y su número era de millones de millones, que decían a gran voz: El Cordero que fue inmolado es digno" (Ap. 5:11-12).

Cantar aparece mencionado por primera vez en Éxodo 15:1 cuando Moisés y los hijos de Israel cantaron alabanzas al Señor por su liberación de la esclavitud. Más tarde, el Señor le dio a Moisés un canto, en alabanza por la fidelidad de Dios a su palabra, y le ordenó que se lo enseñara a la nación (Dt. 31:19). En el cielo vamos a cantar cantos de alabanza y acción de gracias a Dios por su grandeza, bondad y fidelidad.

La música es el lenguaje universal de la raza humana porque trasciende las barreras del idioma entre nosotros. Juan ciertamente comprendió esto cuando oyó cantar en el cielo. Muchos creyentes moribundos han testificado que escucharon la música del cielo. La Biblia dice: "Tus muertos vivirán… resucitarán. ¡Despertad y cantad!" (Is. 26:19).

Imagina a los discípulos cantando con Jesús en el Cenáculo, en esa fatídica última noche antes de su crucifixión. Las Escrituras dicen que "cuando hubieron cantando el himno, salieron al monte de los Olivos" (Mt. 26:30). El libro de Salmos es conocido como el himnario de la Biblia, y muchos estudiosos creen que el Señor habría elegido el Salmo 118, tradicionalmente cantado por los judíos en la Pascua. Tal vez los ángeles escucharán atentamente cuando los santos canten: "Te alabaré… me fuiste por salvación" (Sal. 118:21) y luego se unirán a nuestras voces para proclamar: "Alabad a Jehová, porque él es bueno; porque para siempre es su misericordia" (Sal. 118:1).

La perspectiva de cantar con los ángeles es inspiradora, pero cantar con Jesús —y oírlo cantar— será celestial.

¿Estaremos limitados en el cielo a un solo lugar o podremos viajar?

Decir que vamos a estar "confinados" al cielo indicaría que hay algo más... algo que todavía falta. La promesa de la Biblia para nosotros es que el Señor Jesús va a estar allí para darnos la bienvenida a su esplendor inefable y que estaremos satisfechos. Estar satisfechos indica que no quiero nada más (Sal. 17:15). "... he puesto delante de ti una puerta abierta, la cual nadie puede cerrar" (Ap. 3:8). Las puertas del cielo no se cerrarán (Ap. 21:25). Jesús dijo: "No temáis... a vuestro Padre le ha placido daros el reino" (Lc. 12:32).

Tendríamos una fe pequeña si creyéramos que la obra de Dios entre su pueblo se vería disminuida en el cielo, en comparación con lo que hizo entre nosotros en la tierra. "¿Puedes adentrarte en los misterios de Dios o alcanzar la perfección del Todopoderoso? Son más altos que los cielos" (Job 11:7-8, NVI). La Biblia dice acerca de Dios: "He aquí que los cielos, los cielos de los cielos, no te pueden contener" (1 R. 8:27). El salmista dijo: "Tal conocimiento es demasiado maravilloso para mí; alto es, no lo puedo comprender" (Sal. 139:6). Cuando lleguemos al cielo, vamos a estar en su presencia para siempre. Jesús dijo: "para que donde yo estoy, vosotros también estéis" (Jn. 14:3). Nuestras mentes terrenales son limitadas, pero cuando nos acerquemos a la esfera de Dios, nuestro entendimiento será iluminado. No vamos a querer salir, porque nos ocupará la eternidad explorar su gloria.

En el cielo, nuestro conocimiento será perfecto, y también lo será toda la creación. "...la creación misma será libertada de la esclavitud de corrupción, a la libertad gloriosa de los hijos de Dios" (Ro. 8:21). ¿Vamos a montar en carrozas de nubes o caminar sobre las alas del viento como el Señor? (Sal. 104:3).

No conocemos el alcance de nuestra actividad en el cielo, pero Cristo Jesús prometió que íbamos a estar con Él. Detente y considera ese Dios maravilloso.

¿Veremos personas en el cielo con las que no tuvimos una buena relación en la tierra?

No solo los vamos a ver, sino que nos relacionaremos con ellos a la perfección. En el cielo, el pasado será perdonado; ellos serán perfectos, y nosotros también.

El perdón de Dios significa eliminar por completo la suciedad y la degradación de nuestro pasado, presente *y futuro*. Esta es nuestra esperanza en Cristo, que somos hechos nuevos por Él. Ese proceso comienza cuando entregamos nuestras vidas a Jesucristo (2 Co. 5:17), y será perfeccionado en el cielo. "…os habéis acercado… a la ciudad del Dios vivo… a los espíritus de los justos hechos perfectos" (He. 12:22-23).

Un espíritu que no perdona guarda rencor contra aquel que lo ofendió. Algunas personas naturalmente nos molestan e irritan, al igual que les pasa a otros con nosotros. Pero ¿cómo vamos a sentirnos cuando nos encontremos con ellos en el cielo? Pablo nos recuerda que, en un instante, seremos transformados (1 Co. 15:51-55).

Mientras tanto, es imposible estar en paz con nosotros mismos y con los demás, si tenemos un corazón que no perdona, lo cual es un pecado. La Biblia dice: "Todo aquel que tiene esta esperanza en él [Cristo], se purifica a sí mismo, así como él [Cristo] es puro" (1 Jn. 3:3).

La culpa y la falta de perdón son el punto focal de muchas consultas psiquiátricas. Tan tremendo es el peso de nuestra culpa que la grande y gloriosa verdad del perdón de Dios debiera alentar a cada creyente en Jesucristo. La bondad de Dios en perdonarnos significa aún más cuando nos damos cuenta de que —por la fe en Cristo— estamos libres de la culpa delante de Dios; estamos vestidos para siempre con la justicia de Cristo. La única razón por la que nuestros pecados pueden ser perdonados es porque Jesucristo pagó el castigo completo en la cruz.

La Biblia nos dice que una mente pecaminosa es enemiga de Dios (Ro. 8:7), pero en el cielo tendremos total paz (Lc. 19:38). Seremos *completamente* transformados cuando lleguemos al cielo, y también lo serán aquellos con los que no tuvimos una buena relación mientras vivíamos en la tierra.

Si Dios puede hacer que el león y el cordero se acuesten juntos, podemos confiar en que Él cuidará de nuestras relaciones rotas en nuestro hogar celestial.

¿Habrá matrimonios en el cielo?

El matrimonio en el cielo estará en un plano mucho más elevado, porque la Iglesia será unida con Cristo.

El matrimonio es la primera institución que Dios dio en la tierra, y es una relación maravillosa. Él proporcionó esta unión especial para aliviar la soledad (Gn. 2:18) y para poblar la tierra (Gn. 9:7). En el cielo, no habrá soledad, y el compañerismo será mucho más que lo que la mente humana puede comprender. El cielo se llenará con los santos nacidos de Dios.

Cuando aquellos que no creían en la resurrección le preguntaron a Jesús sobre el matrimonio en el cielo, Él dijo: "Porque cuando resuciten de los muertos, ni se casarán ni se darán en casamiento, sino que serán como los ángeles que están en los cielos" (Mr. 12:25). Esto no quiere decir que los resucitados se convertirán en ángeles, sino que se refiere específicamente a que los ángeles no están casados y no procrean.

El matrimonio celestial es la relación especial de Cristo con aquellos que Él ganó con su sangre. "Porque tu marido es tu Hacedor" (Is. 54:5); "Y te desposaré conmigo para siempre... en justicia, juicio, benignidad y misericordia. Y te desposaré conmigo en fidelidad, y conocerás a Jehová" (Os. 2:19-20). La mente terrenal no es capaz de darse cuenta de la gran unión con el Dios Omnipotente, mas en el cielo cada pensamiento carnal desaparecerá.

Si bien nosotros no podemos comprender que no vayamos a conocer a nuestros cónyuges o hijos en el sentido terrenal, Jesús nos dice que no nos preocupemos por esas cosas. "...pero viene la hora en que ya no les hablaré así... Yo les he dicho estas cosas para que en mí hallen paz... Yo he vencido al mundo" (Jn. 16:25, 33, NVI). El matrimonio como lo conocemos en su forma humana no se practicará en el cielo, ya que se perfeccionará en el Señor Jesucristo.

Aunque ahora no podemos entender plenamente las cosas celestiales, viene el día cuando comprenderemos todas las grandes verdades, incluida esta.

Cuando estemos en el cielo, ¿vamos a llorar por los seres amados que se perdieron?

En la presencia gloriosa de Dios, todas nuestras preocupaciones y penas quedarán borradas.

Es difícil imaginar cómo podemos ser felices si nuestros seres queridos no están en el cielo a causa de su incredulidad, pero las Escrituras aseguran que "su recuerdo se ha desvanecido" (Sal. 9:6, NVI). En el cielo, el plan de Dios será revelado en toda su plenitud. Nuestra comprensión actual es limitada, pero un día vamos a entender a la perfección su justicia y misericordia: "No volverán a mencionarse las cosas pasadas, ni se traerán a la memoria. Alégrense más bien, y regocíjense para siempre" (Is. 65:17-18, NVI).

La mente humana no tiene más que una brizna de entendimiento. Como creyentes, por medio de la obra del Espíritu Santo, nuestra fe crece y se profundiza acerca de las cosas de Dios. El Señor primero nos da fe para creer en Él, luego nuestra fe y el conocimiento de su Palabra crecen. Así entendemos que Él puede hacer todas las cosas bien y las hará. Lo demostró al dar su vida en rescate por muchos (Mr. 10:45).

Pablo dice: "Ahora conozco en parte; pero entonces conoceré como soy conocido. Y ahora permanecen la fe, la esperanza y el amor, estos tres; pero el mayor de ellos es el amor" (1 Co. 13:12-13). Debemos tener estos tres dones de Dios para vivir por Él en la tierra. En el cielo, nuestra fe será completa, porque lo veremos cara a cara. En el cielo, nuestra esperanza se convertirá en realidad, porque ya no tendremos que perseverar con paciencia para estar totalmente en su presencia. Y el amor que Él mostró por nosotros en la tierra y nos inculcó para amar a Él y a los demás permanecerá para siempre, porque Dios es amor (1 Jn. 4: 8).

El amor de Dios no llegará a su plenitud hasta que sea revelado en el cielo. El misterio de su amor no sería un misterio si conociéramos todas las respuestas. Todas nuestras preocupaciones, dolores y penas llegarán a su fin cuando empecemos la nueva vida en el cielo.

¿Recibiremos una herencia en el cielo?

La Biblia promete que en el cielo recibiremos una herencia gloriosa: la herencia de la vida eterna en toda su plenitud.

¿Te imaginas que vas a contestar una llamada a tu puerta y te encuentras a alguien que te notifica que has heredado un reino? Es inconcebible. Pero para el creyente en Jesucristo, eso es exactamente lo que sucede cuando abres la puerta de tu corazón e invitas a Cristo a entrar y morar dentro de ti. Él promete compartir la abundancia de sus riquezas, poder y gloria contigo.

Mi difunta esposa Ruth tenía un antiguo y hermoso cofre con incrustaciones de una madera rara y valiosa, que su abuelo había trabajado años atrás. Cuando los visitantes le preguntaban dónde lo había conseguido, ella respondía con orgullo: "Lo heredé".

La herencia es una verdad bíblica —mencionada más de doscientas veces—, que se cumplirá por completo en el cielo. Dios nos ha elegido para que seamos su propia herencia, su propio pueblo (Sal. 33:12). También ha elegido "nuestra herencia para nosotros" (Sal. 47:4). Los cofres que son herencia de familia pueden arder en unos pocos minutos, pero nosotros vamos a recibir "una herencia incorruptible, incontaminada e inmarcesible, reservada en los cielos" (1 P. 1:4).

Dios dijo a los sacerdotes de Israel que ellos no iban a heredar ninguna parcela de tierra, porque *Él* sería su herencia (Ez. 44:28). Esto miraba hacia el futuro, a la promesa del Nuevo Testamento de que la Iglesia de Cristo —un sacerdocio santo— heredaría la vida eterna en Cristo.

La carta a los efesios habla específicamente de la herencia que podemos esperar en el cielo: "las inescrutables riquezas" de la gracia de Dios (Ef. 3:8); "las riquezas de su gloria" (v. 16); y la llenura "de toda la plenitud de Dios" (v. 19).

Las cosas que heredamos en la tierra pueden ser una gran bendición o una terrible maldición. Incontables vidas han sido arruinadas por las riquezas dejadas a herederos irresponsables. Sin embargo, como hijos del Rey, nuestra herencia no se echará a perder ni nos echará a perder a nosotros. Demos "gracias al Padre que nos hizo aptos para participar de la herencia de los santos en luz" (Col. 1:12). ¡Qué maravillosa promesa!

¿Seremos juzgados en el cielo o recibiremos una recompensa?

En el tribunal de Cristo, los creyentes recibirán recompensas; no la recompensa de la vida eterna, porque esa ya la han recibido, sino otras bendiciones que Dios tiene para nosotros.

El apóstol Pablo lo comparó a una competencia atlética en la que el vencedor aparece ante un juez que determinará su recompensa, no su castigo. Podemos entenderlo mejor cuando pensamos en los Juegos Olímpicos. Los atletas compiten por un premio. Algunos reciben medallas de bronce; otros, de plata; y el ganador del primer lugar recibe el oro. Esa es la idea detrás del tribunal de Cristo en el cielo.

Los creyentes no serán juzgados por sus pecados, porque Cristo se ocupó de eso en la cruz del Calvario. En cambio, en el tribunal será evaluado nuestro trabajo en la tierra por el reino de Cristo y recompensado de acuerdo a la rectitud y justicia perfecta de Dios.

Estar delante de Él es, en sí, un milagro de su gracia en nuestra vida. Lo que hacemos en obediencia y por el poder del Espíritu Santo será evaluado, y "cada uno recibirá su recompensa conforme a su labor. Porque nosotros somos colaboradores de Dios; vosotros sois labranza de Dios, edificio de Dios" (1 Co. 3:8-9). Esto es un gran incentivo para trabajar para el Señor, con el motivo correcto en nuestro corazón. No vamos a recibir todos los mismos beneficios, pues no tenemos las mismas habilidades; pero seremos juzgados según nuestra respuesta fiel a los dones y las oportunidades que nos dan.

No se trata solo de alcanzar con el evangelio a los necesitados, sino también de cómo nos comportamos en cuerpo y mente (2 P. 3:11). Las recompensas de Dios son como incentivos para que vivamos una vida santa de servicio fiel a Cristo —no a los demás— durante nuestro tiempo en la tierra. Estas recompensas son descritas como *coronas*, según vemos en la carta de Pablo a Timoteo: "He peleado la buena batalla… Por lo demás, me está guardada la corona de justicia, la cual me dará el Señor, juez justo, en aquel día; y no sólo a mí, sino también a todos los que aman su venida" (2 Ti. 4: 7-8).

Jesús dijo: "Gozaos y alegraos, porque vuestro galardón es grande en los cielos" (Mt. 5:12). Y también Él nos dio una promesa extraordinaria: "He aquí yo vengo pronto, y mi galardón conmigo, para recompensar a cada uno según su obra" (Ap. 22:12). La mayor recompensa de todas será la de escuchar a nuestro Señor decir: "Bien, buen siervo y fiel... entra en el gozo de tu Señor" (Mt. 25:23).

¿Los creyentes que han muerto e ido al cielo conocen lo que sucede en la tierra?

El cielo será glorioso. Conoceremos a los santos de la Antigüedad. Caminaremos por las calles de oro y nos reuniremos con aquellos que amamos. Cuando entremos en el cielo, habremos cruzado la línea de meta para encontrarnos con Aquel que revelará las historias aún no contadas.

Piensa en la escena en Hebreos 12:1, que describe a los héroes de la fe que están ahora en el cielo: "Por tanto, nosotros también, teniendo en derredor nuestro tan grande nube de testigos… corramos con paciencia la carrera que tenemos por delante". Si bien no se nos da ningún detalle, el capítulo anterior de Hebreos nos da ejemplos de esa *gran nube de testigos*: los santos de la Antigüedad que corrieron la carrera de la fe y la acabaron bien. Obtenemos inspiración y fortaleza de su victoria final en la tierra, dando testimonio de su fe en Dios y de la fidelidad de Dios para con ellos.

Absolutamente nada está oculto a los ojos del Padre. La Biblia no nos dice si las almas en la presencia de Dios saben lo que sucede en la tierra; pero sí nos dice que Él sabe lo que sucede en nuestra vida. Nuestro deseo como creyentes no debe ser agradar a los hombres (Gá. 1:10), sino correr la carrera para agradar a Dios: "Por tanto, a ti, oh Jehová, Señor, miran mis ojos" (Sal. 141:8). Y Jesucristo observa cada uno de nuestros movimientos y conoce todos nuestros pensamientos. Cuán agradecidos debemos estar, porque Él es nuestra fortaleza: "Porque los ojos de Jehová contemplan toda la tierra, para mostrar su poder a favor de los que tienen corazón perfecto para con él" (2 Cr. 16:9).

¿Nos gusta que los ojos del Señor nos vean? ¿Vivimos cada día sabiendo que el Señor de los cielos se fija en nosotros? Él no está esperando a que tropecemos, pero está ahí cuando eso sucede. Él busca nuestra lealtad: "Y todo lo que hagáis, hacedlo de corazón, como para el Señor y no para los hombres; sabiendo que del Señor recibiréis la recompensa de la herencia, porque a Cristo el Señor servís" (Col. 3:23-24).

¿Podemos estar seguros de que iremos al cielo?

Y este es el testimonio: que Dios nos ha dado vida eterna; y esta vida está en su Hijo. El que tiene al Hijo, tiene la vida; el que no tiene al Hijo de Dios no tiene la vida.

1 Juan 5:11-12

¿Cuán buenos tenemos que ser para entrar en el cielo?

La respuesta puede sorprenderte, pero la verdad es que nunca vamos a ser lo suficientemente buenos como para ir al cielo por nuestra cuenta.

¿Por qué es eso? Porque Dios es absolutamente puro y santo, y nada malo puede jamás entrar en *su* casa. Con solo un pecado, quedamos lejos de su presencia, y nadie puede afirmar que no tiene pecado. Hemos nacido en el pecado (Ro. 5:12); somos pecadores por naturaleza. La Biblia dice: "Por cuanto todos pecaron, y están destituidos de la gloria de Dios" (Ro. 3:23).

Dios no toma nuestras buenas y malas acciones y las compara a ver cuáles pesan más; si lo hiciera, nos dejaría entrar al cielo con nuestros pecados. La norma de Dios es nada menos que la perfección. Podemos pensar que somos lo suficientemente buenos, pero si es así, estamos llenos de orgullo, que es un pecado. La Biblia dice: "Si decimos que no tenemos pecado, nos engañamos a nosotros mismos, y la verdad no está en nosotros" (1 Jn. 1:8). Pero Jesucristo predicó el arrepentimiento para que recibamos la vida eterna en el cielo (Mr. 1:15), y por su sangre derramada, nuestros pecados son perdonados y cubiertos por su bondad. Por eso, los que creen en Él serán recibidos en el cielo.

Supongamos que tienes un barril de agua que ha sido filtrada y destilada hasta que no quedaron impurezas. Si alguien te pide de beber, no lo dudas. Pero supongamos que alguien puso en él una gota de agua sucia sin tratar. ¿La beberías? Por supuesto que no. Lo mismo ocurre con el pecado.

Por eso Dios envió a su Hijo, el Señor Jesucristo, a la tierra para redimirnos mediante su amor y sacrificio. Jesús no tenía pecado porque Él era Dios encarnado; pero en la cruz, todos nuestros pecados fueron transferidos a Él, y sufrió el castigo que nosotros merecíamos.

No confíes en ti mismo y en tus buenas obras, sino acude a Jesús y confía en Él para tu salvación. Esa es *la decisión* que cambia la vida y resuelve de una vez para siempre tu lugar en el cielo. No te pierdas lo que el Señor tiene preparado para los que lo aman y están dispuestos a dejar que Él sea el Señor en sus vidas.

¿Cómo hizo posible la muerte de Jesucristo nuestra entrada al cielo?

Mediante su muerte, Jesús pagó el castigo por nuestros pecados. Eso, por sí solo, nos da la vida eterna con Él en el cielo.

Estamos tan acostumbrados al pecado que nos olvidamos fácilmente de lo grave que es a los ojos de Dios. Todo pecado que cometemos es un acto de rebeldía, una negación deliberada de la legítima autoridad de Dios sobre nosotros. Pero el pecado es grave por otra razón: causa estragos en nuestra alma, produce dolor y quebrantamiento en nuestra vida. Por encima de todo, nos separa de la comunión con Dios.

Sin embargo, debido al gran amor del Padre por nosotros, Él proveyó el camino para que seamos perdonados y limpiados de nuestros pecados, y al final, pasemos la eternidad con Él. Nosotros nunca podríamos limpiarnos a nosotros mismos; la mancha del pecado es demasiado profunda. Pero Dios hizo nuestro perdón posible al enviar a Jesucristo al mundo como el sacrificio supremo y final por nuestros pecados. En la cruz, Jesús cargó con el juicio divino que tú y yo merecíamos. Él murió en nuestro lugar. La Biblia dice: "Porque también Cristo padeció una sola vez por los pecados, el justo por los injustos, para llevarnos a Dios" (1 P. 3:18).

¿Quieres ser libre del castigo y de la culpa del pecado? Cree que Cristo murió *por ti*; que sufrió *por ti*; que ganó la batalla sobre el pecado *para ti*; que se levantó de la tumba y fue victorioso sobre la muerte para que *tú* puedas vivir para siempre. Pero debes responder recibiéndolo en tu corazón por fe y por la dedicación de tu vida a Él sin reservas. Jesús está esperando que confieses tus pecados, que te entregues a Él y lo hagas Señor de tu vida. Está preparando un lugar en el cielo para todos los que acuden a Él con fe y entrega completa. No te demores. Asegúrate de tu salvación entregándole tu vida ahora.

¿Qué es el libro de la vida? ¿Existe realmente?

El libro de la vida es el registro de todos aquellos que, a lo largo de los siglos, han confiado en Cristo como su Salvador y lo han seguido como Señor.

En la Biblia, aparecen mencionados muchos libros: el libro del pacto, el libro de la ley, el libro de reyes, el libro de crónicas, el libro de los recuerdos, el libro del Señor y más. Pero un libro es sumamente importante: el libro de la vida. La Biblia dice que en la presencia de Dios, "los libros fueron abiertos, y otro libro fue abierto, el cual es el libro de la vida... solamente los que están inscritos en el libro de la vida del Cordero" entrarán en el cielo (Ap. 20:12; 21:27).

Si has entregado tu vida a Cristo, tu nombre ya está escrito allí. Además, Jesús ha prometido que si le perteneces, nada nunca podrá eliminar tu nombre de sus páginas. Él declaró: "no borraré su nombre del libro de la vida, y confesaré su nombre delante de mi Padre, y delante de sus ángeles" (Ap. 3:5). Esta promesa debe estar escrita en el corazón de cada creyente.

¿Qué pasará con aquellos que no han acudido a Cristo en arrepentimiento y fe, sino que lo han rechazado como su Señor y Salvador? Tristemente, sus nombres no están allí escritos, y entrarán en la eternidad sin la esperanza del cielo. La Biblia advierte con solemnidad: "Y el que no se halló inscrito en el libro de la vida fue lanzado al lago de fuego" (Ap. 20:15).

No es demasiado tarde para aquel que lee esto y aún no ha entregado su vida a Cristo. Este es el momento de reconocer tu pecado ante Dios y aceptar su amor misericordioso por ti. No te alejes. Ora a Dios por el perdón y, por fe, recibe a Jesucristo en tu vida. Así tendrás la seguridad de que tu nombre ha sido escrito en el libro de la vida que Dios mismo abrirá y leerá un día. Nada nos traerá más alegría que oír al Salvador llamarnos por nuestro nombre.

Aquellos que dicen creer en Jesús pero que, sin embargo, nunca han mostrado ninguna señal de cambio en su vida, ¿irán al cielo cuando mueran?

Solo Dios conoce los corazones de las personas, y si sinceramente entregaron o no su vida a Cristo.

Sin embargo, Jesús advirtió: "No todo el que me dice: Señor, Señor, entrará en el reino de los cielos, sino el que hace la voluntad de mi Padre que está en los cielos" (Mt. 7:21). Ningún cristiano es perfecto, por supuesto, pero algún día será revelada nuestra verdadera relación con Cristo. La Biblia advierte: "todas las cosas están desnudas y abierta a los ojos de aquel a quien tenemos que dar cuenta" (He. 4:13).

No obstante, una de las señales de un cristiano verdadero es una vida cambiada. De hecho, si no hay ninguna indicación de que una persona quiere seguir a Cristo, eso puede demostrar fuertemente que su fe no es sincera y que no es salvo. La Biblia compara a una persona así con un cadáver, que está físicamente presente pero carece de vida (Stg. 2:26). Esa es una verdad muy aleccionadora.

No debemos engañarnos a nosotros mismos pensando que seremos salvos si no hemos confiado realmente en Cristo como Salvador y no procuramos seguirlo como Señor. "Así que, por sus frutos los conoceréis" (Mt. 7:20). Un día Cristo reconocerá ante su Padre en el cielo a los que le pertenecen y han demostrado el fruto de su Espíritu.

¿Estás procurando seguir a Cristo en cada área de tu vida, con su ayuda? Esa es la única manera de vivir victoriosamente.

¿Cuáles son algunas de las señales de una vida cambiada?

Cristo nos llama a vivir una vida que refleja su carácter de rectitud y amor. La Biblia dice: "Mas ahora que habéis sido libertados del pecado… tenéis por vuestro fruto la santificación, y como fin, la vida eterna" (Ro. 6:22).

A medida que sometemos nuestra vida a Jesucristo, el Espíritu Santo nos comienza a cambiar desde dentro. Nuestros corazones comienzan a reflejar el amor de Dios, y nuestras mentes comienzan a pensar en un plano más elevado —un plano espiritual—, que nos lleva a vivir como le agrada a Dios.

Jesús dijo: "Tuve hambre, y me disteis de comer; tuve sed, y me disteis de beber; fui forastero, y me recogisteis; estuve desnudo, y me cubristeis; enfermo, y me visitasteis; en la cárcel, y vinisteis a mí" (Mt. 25:35-36). Muchas personas demuestran buenas obras hacia los demás, pero aquellos que siguen al Señor Jesús reflejarán la santidad de la vida, tendrán el deseo de decirles a otros lo que Cristo ha hecho por ellos y alcanzarán con su amor a los que están en necesidad.

Las Escrituras nos dicen cómo vivir una vida agradable al Señor: "que presentéis vuestros cuerpos en sacrificio vivo, santo, agradable a Dios, que es vuestro culto racional. No os conforméis a este siglo, sino transformaos por medio de la renovación de vuestro entendimiento, para que comprobéis cuál sea la buena voluntad de Dios, agradable y perfecta" (Ro. 12:1-2). Vivir una vida cristiana es el proceso de ser "hechos conformes a la imagen de su Hijo" (Ro. 8:29). El verdadero creyente en el Señor Jesucristo madurará espiritualmente por medio de alimentarse de la Palabra de Dios. Esa es la razón por la que la lectura atenta y obediente de la Biblia es esencial para vivir una vida santa en medio de un mundo inmoral. Leer la Palabra de Dios y meditar en su verdad tendrán un efecto purificador en tu mente y corazón, y eso se verá en tu vida. Que nada tome el lugar de este privilegio diario.

¿Puedes arrepentirte por primera vez justo antes de morir y todavía ir al cielo?

Una de las grandes verdades de la Biblia es que Dios está dispuesto a perdonarnos cuando nos volvemos a Él en arrepentimiento y fe, incluso al final de la vida. Él quiere que todos vengan al arrepentimiento. La Biblia dice: "[Él Señor] es paciente para con nosotros, no queriendo que ninguno perezca, sino que todos procedan al arrepentimiento" (2 P. 3:9).

Sin embargo, la Biblia nos advierte repetidas veces que no esperemos hasta el último minuto. Por un lado, no sabemos lo que nos deparará el futuro; la vida es incierta. La muerte nos puede arrebatar de este mundo en un instante, antes de que siquiera podamos clamar a Dios. Si una persona está muriendo de un ataque al corazón y, por miedo, ora por la salvación de Dios, ¿ese arrepentimiento es sincero? Solo el Señor lo sabe. Mi pregunta para esa persona sería la siguiente: Si tú no querías tener nada que ver con Cristo mientras estabas bien, ¿por qué quieres pasar la eternidad con Él?

Por otro lado, sí encontramos una respuesta en las Escrituras para alguien que es sincero de corazón. Cuando Cristo estaba colgado en la cruz entre dos malhechores, uno se burlaba de Él porque no se salvaba a sí mismo. Pero el otro se dirigió a Jesús y, en fe, clamó: "Acuérdate de mí cuando vengas en tu reino. Entonces Jesús le dijo: De cierto te digo que hoy estarás conmigo en el paraíso" (Lc. 23:42-43). A pesar de que solo le quedaba un instante de vida, él recibió el don de la salvación.

La Biblia dice: "Les digo que éste es el momento propicio de Dios; ¡hoy es el día de salvación!" (2 Co. 6:2, NVI). No abuses de la gracia del Padre. No trates a la ligera la muerte de Cristo en la cruz. No te arriesgues a estar sobre tu cama mirando el techo, antes de responder a la pregunta más importante: *¿Qué vas a hacer con Jesús?* Recíbelo hoy.

¿Permite Dios la entrada en el cielo a personas que tienen discapacidades mentales y no entienden plenamente que Él los ama y acepta tal como son?

Dios tiene el pulso de la vida eterna en su mano y sabe las limitaciones de cada uno de nosotros. Ninguno se salvó porque entendió todo lo que hay que saber sobre el Padre celestial, el Señor Jesucristo y el Espíritu Santo. La salvación se produce con la confesión de pecado y el recibimiento del don de la gracia de Dios. Los bebés, los niños pequeños y el deficiente mental no pueden comprender sus limitaciones o las verdades del plan de salvación de Dios, pero Él, en su gracia, recibe a cada uno de ellos tal como son y cambia sus corazones.

Un pasaje tierno de las Escrituras es cuando llevaron unos niños a Jesús. Ellos no podían tener una comprensión profunda de quién era Él o por qué había venido, sin embargo, Él los recibió y dijo a sus discípulos: "Dejad a los niños venir a mí, y no se lo impidáis; porque de los tales es el reino de Dios" (Mr. 10:14).

Dios tiene mucho que enseñarnos por medio de los bebés y de los niños con necesidades especiales. Ellos dependen completamente de los demás; deben confiar en sus cuidadores para todo. Hay una lección para nosotros cuando Jesús dice que debemos ser como niños: debemos poner nuestra confianza en Él; renunciar a nuestros deseos, por los suyos; y permitirle que dirija nuestros pasos.

Las Escrituras arrojan luz sobre este tema difícil. Salomón dice que un niño muerto es mejor que aquel que menosprecia su propia vida (Ec. 6:3), y Job maldijo el día en que nació: "¿Por qué no morí yo en la matriz?... Pues ahora estaría yo muerto, y reposaría; dormiría, y entonces tendría descanso" (Job 3:11, 13).

Si tienes bebés y niños con discapacidades, que te han sido arrebatados por la muerte, consuélate en la soberanía del Dios de amor. Dedícate a enseñar a otros, que sí tienen la capacidad de entender el evangelio, que Dios está dispuesto a cubrir nuestros pecados con su misericordia y gracia. No llores por los que están en *el cuidado* del Padre celestial, sino por aquellos que aún no han encontrado ese lugar de seguridad en el amor reconfortante del Salvador.

¿Perdona Dios incluso a asesinos u otras personas que hayan cometido crímenes horribles? ¿Pueden ir al cielo?

El amor increíble de Dios abre el camino de la salvación a todas las personas que verdaderamente se arrepienten y ponen su fe y confianza en Cristo, incluso los asesinos.

Vemos esto demostrado en la transformación del apóstol Pablo. Antes de su conversión, él odiaba a los cristianos y fue responsable de la muerte de algunos, como podemos ver en su propia confesión: "Y cuando se derramaba la sangre de Esteban tu testigo, yo mismo también estaba presente, y consentía en su muerte" (Hch. 22:20). Cabe destacar que cuando Pablo conoció a Cristo en el camino de Damasco, el Señor lo perdonó total y completamente, y lo utilizó para llevar el evangelio por todo el Imperio romano.

La vida humana es sagrada ante los ojos de Dios, y asesinar a alguien es un acto tan terrible que el Antiguo Testamento decretó que el asesino debía pagar por ello con su vida. Uno de los Diez Mandamientos declara: "No matarás" (Éx. 20:13).

El pecado es pecado. No importa lo que somos, la Biblia dice que todos hemos pecado y todos merecemos el juicio de Dios. Pero Cristo Jesús vino al mundo a salvar los pecadores: al mentiroso y al cojo, al asesino y al mutilado. Él vino con la buena noticia de la redención. Su deseo es que todos se arrepientan y lo busquen. Él quiere arrancar a todos —incluido el asesino— de las garras de Satanás. No hay salvación sin un Salvador, y su nombre es Jesús. Él vino a salvar a su pueblo de sus pecados (Mt. 1:21).

Si estuvieras atrapado en una casa en llamas, no huirías de aquellos que están procurando librarte. No te resistas a la voz de Aquel que te llama por tu nombre. Incluso en el momento más oscuro, Dios está dispuesto a iluminar el alma más oscura.

¿Qué significa: "ancha es la puerta, y espacioso el camino que lleva a la perdición, y muchos son los que entran por ella; porque estrecha es la puerta, y angosto el camino que lleva a la vida, y pocos son los que la hallan" (Mt. 7:13-14)?

El Señor Jesús se hallaba cerca del final de su vida terrenal cuando predicó estas palabras en el llamado Sermón del Monte. Estaba recordando a sus seguidores que dieran la espalda a los caminos de la vida pecaminosos y egocéntricos, y empezaran a vivir en completa obediencia a Dios. Jesús advirtió: "Si alguno quiere venir en pos de mí, niéguese a sí mismo, tome su cruz cada día, y sígame" (Lc. 9:23). Esto es algo que nos resulta difícil hacer; en realidad, es imposible sin la ayuda del Espíritu Santo. Por esto, Jesús prometió que cuando regresara a su Padre, Él enviaría su Espíritu Santo para ayudarnos en nuestras debilidades.

Muchos se niegan a dejar que Cristo tome el control de su vida. No es fácil para la naturaleza humana ceder el control. Creemos que sabemos lo que es mejor para nosotros, pero el ser humano ha demostrado desde el principio su incapacidad para vivir rectamente.

Con gran frecuencia, estamos interesados en cuán semejantes a este mundo podemos llegar a ser. Actuamos como si no importara cómo vivimos. Pero Dios dice que no debemos vivir vidas mundanas, sino vivir para Cristo y dar testimonio de su verdad al mundo.

Negarnos a buscar la voluntad de Dios y a vivir solo para Él nos llevará a la destrucción eterna. No te dejes engañar siguiendo lo que hace la multitud, ese es el camino ancho. Puesto que Cristo estuvo dispuesto a dar su vida por ti, confía tu vida en sus manos. Él es el único que sabe adónde vas. No importan tus planes ni tu propia voluntad, sus caminos son mejores y te llevarán al mejor destino. Ese es el camino estrecho que conduce al cielo.

¿Tiene alguien derecho a decir quién va y quién no va al cielo?

Solo Dios conoce nuestros corazones y solo Él tiene el derecho de juzgar quién es de verdad salvo o está perdido. La Biblia dice: "Jehová... juzgará al mundo con justicia, y a los pueblos con su verdad" (Sal. 96:13).

Dios es el juez justo y omnisciente (todo lo sabe), y nunca debemos tratar de ponernos en su lugar diciendo que conocemos a una persona en particular que estará eternamente perdida o salvada. Ninguno de nosotros sabe lo que sucede entre Dios y el individuo. Incluso en el último aliento de vida, alguien puede convertirse a la fe en Cristo y ser salvo.

Un reportero de una revista nacional una vez confesó: "Mi abuela no aceptó a Jesús como su Salvador antes de morir, y ella era la persona más perfecta que he conocido. No me puedo imaginar la eternidad sin mi abuela; así que, puesto que ella murió sin el perdón de pecados, yo no voy a arrepentirme, porque quiero pasar la eternidad con la persona más excelente que he conocido". Mi colega respondió: "Entonces, nunca has conocido al Señor Jesús —y explicó—: Al llegar a tu destino eterno, es posible que tu abuela esté en el cielo, porque en los últimos momentos de la vida ella pudo haber invocado al Señor y ser salva milagrosamente. Entonces te encontrarás separado por siempre no solo de tu abuela, sino también de Jesús, la persona más maravillosa que jamás podrías haber conocido".

Tampoco debemos suponer que vamos a ir al cielo solo por decir que somos cristianos. Mateo 7:21 dice: "No todo el que me dice: Señor, Señor, entrará en el reino de los cielos, sino el que hace la voluntad de mi Padre que está en los cielos". Hay que tomar en serio la advertencia de la Biblia: "Examinaos a vosotros mismos si estáis en la fe" (2 Co. 13:5).

No caigas en la trampa de Satanás de compararte con otros. Por el contrario, fija tus ojos en Aquel que murió por ti. Búscalo; Él te salvará. Vive para Cristo, y Él abrirá las puertas del cielo para ti.

¿Qué quiso decir Jesús cuando dijo: "Así, los primeros serán postreros, y los postreros, primeros" (Mt. 20:16)?

Jesús estaba señalando el peligro de pensar que iremos al cielo porque somos prominentes o religiosos. Nuestra salvación es solo por la gracia de Dios.

En este pasaje (Mt. 20:1-16), Jesús contó una parábola acerca de unos hombres que habían sido contratados para trabajar en un campo. Algunos trabajaron todo el día, otros fueron llamados a trabajar al final de la jornada, pero todos recibieron el mismo salario.

Como vimos con el malhechor en la cruz que reconoció ante Jesús su pecado y recibió la vida eterna en el último instante de su vida, el mismo gozo del cielo reciben aquellos que fueron salvos temprano en la vida como aquellos que se salvaron tarde en su vida. ¿Qué verdadero creyente podría negar esa alegría a los que casi estuvieron a punto de perder el perdón de sus pecados? Rompería el corazón de Dios que uno de los suyos se alegrara al ver que se niega el perdón de los pecados a la gente solo porque esperaron hasta el último minuto. La única tristeza que debemos sentir es que una persona se pierda de caminar con el Señor, servirle, dar testimonio de Él, disfrutar de su presencia y vivir la vida en obediencia a su Señor. No deberíamos hacer menos que los ángeles, que se regocijan cuando un pecador es recibido en la comunión del hogar eterno de Dios, aunque sea en el último tramo del camino.

Es Jesús quien dio "su vida en rescate por muchos" (Mt. 20:28). El primero y el último serán bienvenidos en su presencia con el mismo resultado: el perdón y la vida eterna. ¿Por quién estás orando, que quizá esté aferrándose a los últimos momentos de la vida terrenal sin Cristo? Que nuestra lista de oración esté llena con nombres y puedas orar con diligencia para que el Espíritu Santo hable a sus corazones.

¿Puede Satanás determinar el destino de un alma humana?

No, Satanás no puede obligar a nadie a seguirlo ni puede determinar el destino de un alma humana. Cuando Jesús dijo: "Temed a aquel que después de haber quitado la vida, tiene poder de echar en el infierno" (Lc. 12:5), se refería a Dios, no a Satanás.

La Biblia nos enseña que cada individuo determina su destino eterno, y es Dios en su justicia perfecta quien dicta sentencia. La incredulidad cierra la puerta al cielo y abre la del infierno. El hombre se condena a sí mismo al infierno eterno porque rechaza el camino de la salvación de Dios y la esperanza de vida eterna con Él.

El mismo libro que nos habla una y otra vez del amor de Dios también nos advierte constantemente que el diablo se interpondrá entre nosotros y Dios, y que está esperando la oportunidad para atrapar las almas de los hombres. Satanás no tiene autoridad en la vida de las personas, pero sí emplea sus poderes para tentarnos al mal.

Cuanto más cerca estás de Cristo, tanto más lejos estás del mal, así que procura mantenerte cerca de Jesús. Debemos ser siempre conscientes de que Satanás puede tomar cualquier esfuerzo humano y retorcerlo para servir a sus propios fines; por eso se nos dice que debemos tener cuidado de sus engaños. Solo Dios puede frustrar los planes de Satanás y sus legiones.

La cruz fue diseñada para derrotar al diablo. Si un hombre no se somete a Jesucristo, su vida estará controlada por Satanás. Si bien este no puede arrebatar a los creyentes de la seguridad de la mano de Dios, se regocija cuando somos incoherentes, porque sabe que un cristiano inconsistente es un cristiano ineficaz. Pero si tú estás en Cristo, Satanás no tiene poder para nada sobre ti. Yo dudo que Satanás venza a un cristiano verdaderamente gozoso y lleno del Espíritu.

¿Qué pasa si alguien no siente que Dios lo ha perdonado o no está seguro de si es salvo, aunque haya pedido a Jesús que entre en su vida?

Dios no quiere que estemos inseguros acerca de nuestra salvación o llenos de dudas de nuestro destino eterno.

En su lugar, Él quiere que confiemos en su promesa de que nuestros pecados han sido perdonados, que hemos sido adoptados en la familia de Dios y que pasaremos la eternidad con Él. Jesús dijo: "No te desampararé; ni te dejaré" (He. 13:5). No confíes en tus sentimientos, sino solo en la Palabra de Dios.

Algunos han orado insinceramente que Cristo entrara en su vida. Tal vez fueron engatusados por un amigo o estaban buscando una "experiencia". Pero para aquellos que dudan, aun cuando creyeron con sinceridad que Cristo los salvó, la Biblia dice: "Examinaos a vosotros mismos si estáis en la fe; probaos a vosotros mismos. ¿O no os conocéis a vosotros mismos, que

Jesucristo está en vosotros, a menos que estéis reprobados?" (2 Co. 13:5).

La clave es confiar en las promesas de Dios. Recuerda, Satanás puede sembrar dudas en tu mente si te has distanciado en tu relación con el Señor. O puede tratar de debilitar el poder de tu testimonio. No des a Satanás un punto de apoyo; el mayor obstáculo para su obra es el cristiano que, sobre todo, vive para Dios, camina con integridad, se llena con el Espíritu y es obediente a la verdad de Dios. El apóstol Juan escribió: "Y este es el testimonio: que Dios nos ha dado vida eterna, y esta vida está en su Hijo. El que tiene al Hijo, tiene la vida… y el maligno no le toca" (1 Jn. 5:11-12, 18).

Aliméntate de la Palabra de Dios, ora, ten comunión con otros creyentes y pídele al Espíritu Santo que te fortalezca en tu caminar espiritual. Puedes confiar en las promesas de Dios, porque Dios no puede mentir. Y una vez que hayas confiado en Cristo, agradécele que tu pasado haya sido perdonado y tu futuro esté asegurado, únicamente a causa de Él.

¿Qué diferencia hace el cielo?

Apártese del mal, y haga el bien; busque la paz, y sígala. Porque los ojos del Señor están sobre los justos, y sus oídos atentos a sus oraciones… Mas también si alguna cosa padecéis por causa de la justicia, bienaventurados sois…

1 Pedro 3:11-12, 14

Si el cielo es real, ¿qué diferencia debería hacer en nuestra vida en este momento?

El privilegio de estar ahora mismo en contacto con el cielo mejora muchísimo nuestro tiempo en la tierra. Saber que el cielo es real, y que un día vamos a ir allí, hace una gran diferencia en la forma en que vivimos.

Por un lado, el cielo nos da esperanza, esperanza para el presente y para el futuro. No importa qué estemos enfrentando, sabemos que es solo temporal y que por delante de nosotros está el cielo. La Biblia dice: "aunque por fuera nos vamos desgastando... los sufrimientos ligeros y efímeros que ahora padecemos producen una gloria eterna que vale muchísimo más" (2 Co. 4:16-17, NVI).

La vida cristiana es una vida gozosa. El cristianismo nunca tuvo la intención de hacernos miserables; el ministerio de Jesucristo fue de alegría. La Biblia enseña que una vida de paz interior y de victoria exterior es el derecho de nacimiento del cristiano, y nuestra certeza del cielo hace que sea una realidad. El Señor Jesús nos ha dado el espíritu de gozo como una de las características de un verdadero creyente, para hacer que nuestro tiempo en la tierra valga la pena, y para recordarnos que debemos mantener nuestros ojos enfocados en la promesa del cielo.

Por otro lado, nuestra certeza del cielo marca una diferencia, porque estamos en contacto con el cielo en este momento. Pocas personas han tenido el honor de hablar con un rey, y mucho menos visitarlo en su reino. Pero como creyentes en Cristo, no tenemos que esperar hasta morir para tener una audiencia con el Rey de reyes en el cielo. Tenemos acceso a Él ahora, en la tierra.

Si nuestros corazones están totalmente entregados a la voluntad de Dios, nos deleitamos cuando nos usa en cualquier manera que le plazca. Nuestras perspectivas parecen mejores cuando miramos hacia arriba buscando su dirección. Nuestros planes y deseos empiezan a estar de acuerdo con los suyos, y aceptamos su dirección en nuestra vida. Nuestro sentido de gozo, satisfacción y realización aumenta, no importa cuáles sean las circunstancias, si estamos en el centro de la voluntad de Dios. Cada día que vivimos tiene significado y propósito.

¿Es cierto ese viejo dicho de que los cristianos están tan enfocados en el cielo que no hacen nada útil en la tierra?

No, no es cierto, porque Cristo nos ha dado una misión en la tierra con una meta celestial. Cuanto más en serio tomemos el cielo, tanto más seriamente tomaremos nuestras responsabilidades en la tierra.

La vida es corta; ninguno de nosotros sabe cuánto tiempo nos queda. Vive, pues, cada día como si fuera el último, porque un día lo será. Si alguna vez vas a vivir para Cristo, debe ser ahora.

Cada día es un regalo de Dios, y no debe ser desperdiciado o usado en la indulgencia egoísta, sino en vivirlo para Cristo. Hay tantos que dicen ser cristianos pero que caminan de la mano con el mundo, que es difícil distinguirlos de los no creyentes. Sin embargo, aquellos que han experimentado de verdad la comunión diaria con Cristo saben que supera a todas las actividades mundanas. En su oración por sus discípulos,

Jesús dijo: "No ruego que los quites del mundo, sino que los guardes del mal… Santifícalos en tu verdad" (Jn. 17:15, 17).

Jesús no nos llama a escapar de este mundo y de sus problemas, sino a enfrentarlos con su poder y amor. Debemos estar involucrados en el mundo, pero sin quedar contaminados o influenciados, sin ser arrastrados en sus caminos. Esta distinción solo puede lograrse si caminamos íntimamente con Cristo, teniendo la mente de Cristo y buscando la dirección del Espíritu Santo cada día. Enfocarte en el cielo es la única manera de hacer el bien en la tierra.

¿Por qué no nos lleva Dios al cielo en el instante en que dedicamos nuestra vida a Cristo?

Si Dios fuera a llevar al cielo a todos los que inmediatamente salva, no sería fiel a su Palabra. Jesús dijo: "Mientras sea de día, tenemos que llevar a cabo la obra del que me envió. Viene la noche cuando nadie puede trabajar" (Jn. 9:4, NVI). Este es el diseño divino para el cuerpo de Cristo, la Iglesia. Jesús dijo a sus discípulos: "En esto es glorificado mi Padre, en que llevéis mucho fruto, y seáis así mis discípulos" (Jn. 15:8).

La tierra no es la sala de espera del cielo donde aguardamos cruzados de brazos hasta la hora de salida. La tierra es el escenario que muestra el drama del bien y el mal; la victoria de Cristo sobre el engaño de Satanás; la gloria del cielo sobre el horror del infierno. Somos parte de ese drama divino.

Mientras estamos en esta tierra, el propósito de Dios para nosotros es darle honra y gloria por la forma en que vivimos y trabajamos, de manera que podamos ganar almas para su reino. ¿Qué clase de mundo sería este sin que hubiera nadie aquí para demostrar la compasión y la justicia de Cristo; sin que nadie quedara para hablarles a otros acerca del amor de Dios? ¿Cómo la gente oirá hablar de Cristo o pondrá su confianza en Él? La respuesta es obvia: nuestro mundo quedaría condenado a la perpetua oscuridad espiritual. El mandato de Jesús a sus discípulos nunca ha sido revocado: "Id por todo el mundo y predicad el evangelio a toda criatura" (Mr. 16:15).

No conozco a nadie que desee estar sentado durante horas en una sala de espera. Tampoco debemos estar contentos con quedarnos de brazos cruzados esperando ir al cielo. En vez de eso, debemos estar ocupados trabajando en el nombre del Señor, para que muchos otros se nos unan en ese viaje al hogar celestial. Todos estamos llamados a ser testigos de Cristo, dando a conocer su amor y poder transformador a un mundo quebrantado y confundido.

La Biblia dice que un día Cristo volverá para reinar sobre todas las cosas, pero ¿por qué no ha regresado aún?

Jesús todavía no ha regresado porque Dios no ha terminado con este mundo. Un día Cristo vendrá otra vez para vencer el mal y establecer su gobierno perfecto sobre toda la creación. Sin embargo, Él dijo que, antes de que eso suceda, debe ser "predicado este evangelio del reino en todo el mundo, para testimonio a todas las naciones; y entonces vendrá el fin" (Mt. 24:14).

Dios quiere dar a todos la oportunidad de conocer a Cristo por medio del arrepentimiento y de la fe en Él. La Biblia dice: "El Señor no tarda en cumplir su promesa [que Cristo volverá]… Más bien, él tiene paciencia con ustedes, porque no quiere que nadie perezca sino que todos se arrepientan" (2 P. 3:9, NVI).

Al mismo tiempo, se nos insta a anticipar el regreso de Cristo. La última página del último libro de la Biblia dice: "ven, Señor Jesús" (Ap. 22:20). Si bien solo Dios sabe cuándo eso va a suceder, se nos dice que estemos listos. "ahora está más cerca de nosotros nuestra salvación que cuando creímos... Desechemos, pues, las obras de las tinieblas, y vistámonos las armas de la luz" (Ro. 13:11-12). Este es el momento para estar seguro de que tu esperanza y confianza están puestas en Él y que estás procurando vivir para Él. Cada día nos relacionamos con almas que viven en oscuridad, así que hagamos brillar la luz del amor de Dios en la vida de aquellos que quizá quieran abrirle su corazón.

¿Nos habla Dios desde el cielo?

Dios habla al corazón humano. Yo nunca he escuchado de forma audible la voz del Señor, pero Él me ha hablado a mí muchas veces a lo largo de mi vida.

Entonces, ¿cómo reconocemos su voz? Debemos primero pertenecer a Él. La Biblia dice: "Todo aquel que es de la verdad, oye mi voz" (Jn. 18:37). La voz de Dios no está limitada por esquemas o invenciones humanas.

Dios nos habla por medio de la Biblia, su Palabra escrita. Por esa razón, yo utilizo con frecuencia la frase *la Biblia dice*. Los autores de las Escrituras dejaron en claro que Dios estaba hablando con ellos y por medio de ellos. Más de tres mil veces dijeron: "Así dice el Señor" o su equivalente. Y debido a que "toda la Escritura es inspirada por Dios, y útil para enseñar, para redargüir, para corregir, para instruir en justicia" (2 Ti. 3:16), no debemos permitir que nada ni nadie tomen el lugar de la Biblia para guiar nuestra vida.

Segundo, Dios habla también en la naturaleza. Cuando Él creó los cielos y la tierra, nos dio un universo increíble, complejo, hermoso y ordenado. La Biblia declara: "Porque las cosas invisibles de él, su eterno poder y deidad, se hacen claramente visibles desde la creación del mundo, siendo entendidas por medio de las cosas hechas, de modo que no tienen excusa" (Ro. 1:20).

Tercero, Dios nos habla por medio de su Hijo Jesucristo, quien aparece revelado para nosotros en las páginas de la Biblia y es el Verbo de Dios encarnado. "Dios, habiendo hablado muchas veces y de muchas maneras en otro tiempo a los padres por los profetas, en estos postreros días nos ha hablado por el Hijo, a quien constituyó heredero de todo, y por quien asimismo hizo el universo" (He. 1:1-2).

Por último, Dios nos habla por el Espíritu Santo. Esto puede ser la "voz suave" de nuestra conciencia que no nos deja hasta que no hacemos lo que es correcto, o puede ser una convicción clara y firme de lo que Dios quiere que hagamos. La Biblia dice: "Lámpara de Jehová es el espíritu del hombre; la cual escudriña lo más profundo del corazón" (Pr. 20:27). Nunca debemos silenciar esa voz interior. Hay que verificar con las Escrituras lo que pensamos que está diciendo para asegurarnos de que es fiel a la Palabra de Dios. Luego, debemos obedecer.

¿Tienen los ángeles algo que ver con nuestra vida en este momento?

A pesar de que en gran medida son invisibles, los ángeles están constantemente trabajando a nuestro favor. La Biblia los llama "espíritus ministradores, enviados para servicio a favor de los que serán herederos de la salvación" (He. 1:14).

La Biblia nos habla de visitaciones angelicales —momentos en que los ángeles llegaron a ser visibles—, y dice que aparecieron con glorioso esplendor y fueron reconocidos inmediatamente como seres angélicos. En otras ocasiones, sin embargo, no fueron reconocidos como ángeles, ya que aparecieron en forma humana. La Biblia dice que "algunos, sin saberlo, hospedaron ángeles" (He. 13:2).

Es de gran consuelo saber que es Dios mismo quien envía a los ángeles para ministrar a los creyentes en Cristo. "Pues a sus ángeles mandará acerca de ti, que te guarden en todos tus caminos" (Sal. 91:11). Esta es una manifestación más de su presencia constante, que nos asegura que no estamos solos, si conocemos a Cristo.

El imperio de los ángeles es tan vasto como la creación de Dios. Si crees en la Biblia, cree en el ministerio de los ángeles y gózate en ello.

¿Está mal anhelar el cielo y orar para que Dios nos lleve allí, especialmente cuando estamos abrumados por la enfermedad, la vejez o algún otro problema?

No, no es malo. En realidad, si nunca anhelamos el cielo, puede significar que ahora mismo estamos demasiado satisfechos o demasiado preocupados con nuestra vida aquí.

Es fácil llegar a estar tan abrumado con nuestros problemas que nos centramos solo en lo que nos pasa en el momento. Sin embargo, deberíamos centramos en el cielo y en la esperanza que tenemos por causa de Cristo. El Señor está con nosotros en nuestros sufrimientos, y nos espera a la salida, al otro lado del túnel de la prueba, a la luz de su gloriosa presencia para vivir con Él para siempre.

Recuerda, el cielo es nuestro verdadero hogar, y muchas veces nos ponemos nostálgicos por él, sobre todo en medio del pecado, los sufrimientos y las tristezas de esta vida. Hay algo en nuestra alma que nos lleva a sentir esa añoranza y anticipación.

A menudo me pregunto si Dios, en su soberanía, permite que nuestra vista capte con malos ojos el aquí y ahora para que podamos enfocar nuestros ojos espirituales en la eternidad. Pablo, que sabía lo que era sufrir, descubrió esa verdad en su propia vida: "No mirando nosotros las cosas que se ven, sino las que no se ven; pues las cosas que se ven son temporales, pero las que no se ven son eternas" (2 Co. 4:18). No permitas que las cargas y dificultades de esta vida te distraigan o desalienten. Mantén tus ojos bien fijos en lo que Dios ha prometido al final de la jornada: el cielo mismo.

¿Qué es más importante, aprender cómo vivir en esta vida o prepararnos para la siguiente?

Ambas son igualmente importantes a los ojos de Dios. ¿Qué ala de un avión es más importante, la derecha o la izquierda? Conoces la respuesta: ambas son igualmente importantes, y si falta una de ellas, el avión no puede volar. Y lo mismo puede decirse de nuestra fe en Cristo.

Si nos concentramos en solo una de ellas, la vida estará desequilibrada o colgando de un hilo. No viviremos como Dios quiere ni experimentaremos la plenitud de la bendición y de la esperanza que tiene preparada para los que lo aman. Santiago dijo: "Porque como el cuerpo sin espíritu está muerto, así también la fe sin obras está muerta" (Stg. 2:26).

Dios está interesado en nuestra vida aquí y ahora, y lo más importante en la vida presente es resolver lo relacionado con el más allá. Esta vida nos da una oportunidad gloriosa para prepararnos para la eternidad. La mayoría de la gente vive hoy con apenas un pensamiento sobre el mañana. Estamos tan atrapados en los asuntos de aquí que apenas prestamos atención a la eternidad.

Pero tampoco podemos ignorar nuestras responsabilidades en la tierra. Los cristianos son en el mundo la única luz espiritual real en medio de una gran oscuridad espiritual. Dios nos ha dado el privilegio de vivir para Él aquí abajo. Y, gracias a Dios, también nos da razones para esperar las glorias del cielo.

¿Cómo podemos mantener el rumbo y así conservarnos espiritualmente fuertes y sin desviarnos del camino al cielo que Dios tiene para nosotros?

El momento para lidiar con el peligro espiritual es antes de que suceda, así que procura estar alerta. Es probable que hayas escuchado el antiguo dicho: “Más vale prevenir que curar” Eso también es cierto espiritualmente.

Piensa en cuán diferente habría sido la vida del rey David si hubiera estado vigilante contra las tentaciones de la mediana edad. En cambio, su vida se convirtió en una espiral descendente de irresponsabilidad, adulterio, asesinato y dolores de cabeza (2 S. 11—12). La Biblia dice: “Sobre toda cosa guardada, guarda tu corazón, porque de él mana la vida” (Pr. 4:23).

Fortalece tu compromiso con Cristo… *ahora*. No esperes hasta que la tormenta de la tentación, de la enfermedad o de la vejez amenace con desviarte del rumbo; *ahora* es el momento para fortalecer tu fe. Cuanto más fuerte sea tu relación con Cristo, más fuerte será tu defensa contra las tentaciones del diablo. Jesús dijo: "Orad que no entréis en tentación" (Lc. 22:40).

Aprende a llevar cada situación a Dios y confiar en Él para el resultado. El amor de Dios por ti nunca cambia, sin importar qué problemas enfrentes y cuán inestable se vuelva la vida. A Cristo nada le pilla por sorpresa, y puedes confiar en Él para hacer lo que es mejor. La Biblia dice: "Confiad en Jehová perpetuamente" (Is. 26:4).

Por último, fortalece las relaciones que Dios ya te ha dado. Fortalece la relación con tu cónyuge, tus hijos, tus amigos y tus hermanos en la fe. Cuando estamos aislados o pensamos que no necesitamos a otros, nos volvemos mucho más vulnerables a la tentación y a meternos en compromisos. Todos tenemos tentaciones, pero a algunos les gusta jugar con ellas.

Por último, aparta la vista de la tentación y ponla en Cristo, y recuerda cómo manejó Jesús sus tentaciones. En cada situación, Él respondió a Satanás citando las palabras de las Escrituras: "Escrito está". Confía en la Palabra de Dios para fortalecerte y mantener tus pies en el camino recto.

Una última palabra de Billy Graham

Si tú y yo pudiéramos sentarnos juntos durante unos minutos para hablar sobre el tema del cielo, me complacería compartir contigo la siguiente reflexión.

La Biblia tiene mucho que decir acerca de la brevedad de la vida y de la necesidad de prepararnos para la eternidad. Un día esta vida llegará a su fin, y ¿entonces qué? La Biblia es clara: por delante de nosotros está la eternidad, ya sea con Dios en el cielo o en ese lugar de absoluta soledad y desesperación que la Biblia llama infierno. Pero nosotros no tenemos que temer al futuro, porque Dios ha provisto el camino para que seamos salvos y estemos con Él por toda la eternidad. Ese camino es Jesucristo, quien dio su vida por nosotros en la cruz, y luego conquistó el pecado, la muerte y el infierno por su resurrección.

Estoy convencido de que nunca vamos a estar preparados para vivir hasta que no estemos preparados para morir. Dios tiene un plan para nosotros en este momento, y la mayor alegría de la vida viene por conocerlo a Él y vivir para Él cada día.

Si nunca has entregado tu vida a Jesucristo, o si no estás seguro de tu destino eterno, te invito a que acudas a Él ahora. Puedes entregarle tu vida hoy mediante una sencilla oración de fe. Tal vez la siguiente te ayude a tomar esa decisión:

Padre celestial, yo sé que soy un pecador. Te pido perdón por mis pecados, me arrepiento y quiero apartarme de ellos. Confío solo en Cristo como mi Salvador y lo confieso como mi Señor. A partir de este momento, quiero servirle y seguirlo en la comunión de su Iglesia. Te lo pido en el nombre de Cristo Jesús. Amén.

Si hiciste sinceramente esa oración, Dios te escuchó, y ahora eres parte de su familia para siempre. Tus pecados han sido perdonados, y su Espíritu ahora vive dentro de ti para ayudarte a vivir una vida nueva. Y un día Él te dará la bienvenida en el cielo, que es tu hogar definitivo.

EDITORIAL
PORTAVOZ

NUESTRA VISIÓN

Maximizar el efecto de recursos cristianos de calidad que transforman vidas.

NUESTRA MISIÓN

Desarrollar y distribuir productos de calidad —con integridad y excelencia—, desde una perspectiva bíblica y confiable, que animen a las personas a conocer y servir a Jesucristo.

NUESTROS VALORES

Nuestros valores se encuentran fundamentados en la Biblia, fuente de toda verdad para hoy y para siempre. Nosotros ponemos en práctica estas verdades bíblicas como fundamento para las decisiones, normas y productos de nuestra compañía.

Valoramos la excelencia y la calidad
Valoramos la integridad y la confianza
Valoramos el mérito y la dignidad de los individuos y las relaciones
Valoramos el servicio
Valoramos la administración de los recursos